RELIGION

Arthur Thömmes

101 Spiele für den Religionsunterricht

für Kinder von 6 bis 10 Jahren

Verlag an der Ruhr

Impressum

Titel
101 Spiele für den Religionsunterricht
für Kinder von 6 bis 10 Jahren

Autor
Arthur Thömmes

Titelbildmotiv
© darknightsky/Fotolia.com (Kreide); © VRD/Fotolia.com (Menschenkette)

Illustrationen
Arthur Thömmes, Magnus Siemens u. a.

Kapitellogos
© Eléonore H/Fotolia.com (Mädchen auf Wiese)
© Aramanda/Fotolia.com (Kindergruppe)
© Kwest/Fotolia.com (Bibel)
© memo/Fotolia.com (Mädchen mit Weltkugel)

Verlag an der Ruhr
Mülheim an der Ruhr
www.verlagruhr.de

Geeignet für Kinder von 6–10 Jahren

Unser Beitrag zum Umweltschutz:
Wir sind seit 2008 ein ÖKOPROFIT®-Betrieb und setzen uns damit aktiv für den Umweltschutz ein. Das ÖKOPROFIT®-Projekt unterstützt Betriebe dabei, die Umwelt durch nachhaltiges Wirtschaften zu entlasten. Unsere Produkte sind grundsätzlich auf chlorfrei gebleichtes und nach Umweltschutzstandards zertifiziertes Papier gedruckt.

ISBN 978-3-8346-0685-3

Printed in Germany

Inhaltsverzeichnis

Vorwort 5–7

Ich

Ich bin … 8
Sinnesstationen 9
Gefühlswelten 10/11
Luftballontanz 12
Wutbox 13
Gefühlswürfel 14
Namensrätsel 15
Fantasiewege 16/17
Unvollendetes Gemälde 18/19
Das bin ich! 20
Stell dir vor … 21
Flüsterwunsch 22
Fallender Baum 23
Schwamm ausdrücken 24
Aufwachen 25
Stille 26/27
Stern sein 28–30
St. Martin: Auge, Herz, Hand 31–33
Jasager und Neinsager 34
Inselspiel 35
Achtung Ampel! 36
Fingerabdrücke 37
Komplimente 38
Glücksschachtel 39
Stolpersteine 40
Die Mitte finden 41
Gefühlsmasken 42
Gefühls-ABC 43
Schüttelspiel 44

Wir

Roboter 45
Sprechende Hände 46/47
Gemeinsam vernetzt 48
Außenseiterspiel 49
Blindenführer 50
Turmbau 51
Wettermassage 52
Was ich an dir mag 53
Gassenlauf 54
Stummes Miteinander 55
Alle auf die Insel 56
Bildgeschichte 57
Eine Urkunde für dich 58
Dubletten 59
Standpunkte 60
Bildersprache 61
Unsere Regeln 62
Briefkasten 63
Balance 64
Aufstehen 65
Jeder ist anders 66/67
Gute-Taten-Wichteln 68

Gott/Bibel

Domino 69
Buchstabenquiz 70
Wortsalat 71

Inhaltsverzeichnis

A, B, C oder D – Jesus-Quiz 72–74
Perspektivenwechsel 75
Rätselgitter 76/77
Zahlenrätsel 78/79
Geheimschrift 80
Bibel-Puzzle-Bild 81
Psalm-Sonne – Psalm-Stein 82
Kreuzworträtsel 83
Montagsmaler 84
Schöpfungswortketten 85
Messequiz 86/87
Bibeldetektive 88
Kopfkino 89
Buchstabensalat 90/91
Vaterunser-Körpergebet 92/93
Gott mit dem Körper loben 94/95
Geheime Botschaften 96
Geschichtenknäuel 97
Lebendige Adventsstraße 98
Was hat Nikolaus im Sack? 99
Bibel-Memory® 100
Rückenschrift 101
Staffellaufgeschichte 102
Postkarte an Gott 103
Rätselsatz 104/105
Kirchenrallye 106/107
Sich versöhnen 108/109
Schattenspiel 110
Hörspiel 111
Bibelteams 112
Karussell 113
Geschichten-Standbild 114
Schreibrunde 115
Redechaos 116
Malen mit einem Strich 117
Fehlersuche 118
Gesucht wird ... .119
Unser Klassenspiel 120–122

Welt

Zukunftsgeschichten 123
Schöpfungsmandala 124/125
Gottes Schöpfung 126/127
Teilen lernen 128
Wahr oder erfunden? 129
Mein Baum 130
Kinder der Welt 131
Wir geben einander 132/133
Was gehört nicht dazu? 134/135

Medientipps 136

Liebe Kollegen*,

Kinder spielen gerne. Im Spiel entwickeln sie mit Freude **personale und soziale Kompetenzen.** Auch im **fachlichen und methodischen** Bereich bietet das Spielen einen motivierenden Zugang zu unterschiedlichsten kreativen und thematischen Bereichen. Das Kind hat die Möglichkeit, sich spielerisch Fertigkeiten, Kenntnisse und auch Einstellungen anzueignen und auszuprobieren. Dabei ist vor allem die **Freude** am Spiel ein grundsätzlicher Aspekt, der neben dem Erwerb von Kompetenzen eine grundlegende Haltung ist.
Steht im Kindergartenbereich das spielerische Lernen noch im Vordergrund, erleben die Kinder mit Beginn der Grundschulzeit neue Formen des Lernens, die mit einer Einschränkung ihres Bewegungsdranges und mit der Notwendigkeit zur Konzentration einhergehen. Daher sind auch hier die spielerischen Elemente, die ganzheitlich angelegt sind und die die Kreativität und die Freude am Lernen fördern, **wichtige ausgleichende Bestandteile** eines kindgemäßen Unterrichts. Selbstverständlich lassen sich nicht alle Bereiche des Religionsunterrichts über das Spielen erschließen. Neben anderen Lernformen und Methoden des Religionsunterrichts bietet das Spielen aber vor allem **im kognitiven, sozialen, emotionalen, motorischen und imaginativen Bereich** gute Ansätze für die persönliche Entwicklung der Kinder. So können die Kinder spielerisch sich selbst, die Mitmenschen und die Welt entdecken.

Das vorliegende Buch bietet eine **Spielesammlung für den Religionsunterricht in der Grundschule**, aber auch **für Kindergruppen** im Rahmen der Gemeinde- oder Vereinsarbeit. Spiel wird hierbei in einem weiten Sinn begriffen, umfasst also neben „klassischen" Gruppenspielen auch Spiele ohne Sieger, Bewegungslieder, Stilleübungen usw.

Der Religionsunterricht will vor allem mit der religiösen Weltdeutung und der christlichen Tradition vertraut machen und die Welt in ihrer Vielfalt erschließen. Er begleitet die Kinder zudem auf der Suche nach einem sinnerfüllten Leben und der eigenen Identität.

---

* Aus Gründen der besseren Lesbarkeit haben wir in diesem Buch durchgehend die männliche Form verwendet. Natürlich sind damit auch immer Frauen und Mädchen gemeint, also Lehrerinnen, Schülerinnen etc.

In den einzelnen Kompetenzbereichen heißt dies konkret:

1. **Fachkompetenz:** Die Kinder lernen die Bibel mit ihren Geschichten kennen und erschließen ihre Bedeutung für sich selbst. Sie erfahren den Glauben an Gott als eine frohe und befreiende Botschaft, die Grundlage für ein sinnerfülltes Leben sein kann. Das drückt sich in einer gelebten Glaubenspraxis (Kirchenfeste, Gottesdienst, Sakramente, Gebet u.a.) aus.
2. **Personale Kompetenz:** Die Kinder lernen, die Welt mit allen Sinnen wahrzunehmen. Sie erkennen ihre eigenen Stärken und Grenzen und erfahren, wie wichtig es ist, das Leben in eigener Verantwortung zu gestalten. Dabei erscheint es mir besonders wichtig, die eigenen Gefühle und die der Mitmenschen wahrzunehmen und klug und einfühlsam damit umzugehen.
3. **Sozialkompetenz:** Die Kinder erfahren, dass wir in vielfältigen Beziehungen leben. Diese müssen gut gestaltet werden, damit die Menschen friedvoll zusammenleben können. Als Christen blicken wir dabei besonders auf Jesus, der uns Menschen die Nächstenliebe als Auftrag mitgegeben hat.
4. **Methodenkompetenz:** Die Kinder lernen, selbstständig zu arbeiten, indem sie z.B. die religiösen Symbole, Bilder und Begriffe erkennen und damit umgehen können. Dabei können sie die vielen Lebensfragen vor dem Hintergrund des christlichen Glaubens deuten und entfalten.

„Ich, wir, Gott und die Welt" – so könnte man den Religionsunterricht in der Grundschule thematisch beschreiben. Diese **Strukturierung** liegt auch dem vorliegenden Buch zu Grunde, wobei viele Spiele themenübergreifend sind. Viele **Spiele beziehen sich beispielhaft auf konkrete Inhalte**. Das Spielprinzip können Sie dann meist problemlos auf Ihre Unterrichtsinhalte anpassen.
Neben den kurzen Beschreibungen der Spiele finden Sie Angaben zu **Materialien, Alter, Dauer, Ziel und Spielart**. Auch hier müssen Sie als Lehrer oder Gruppenleiter entscheiden, ob das Spiel zu Ihrer Lerngruppe passt. **Verweise** auf mögliche weitere Themen finden Sie im Text **fett hervorgehoben in grauer Schrift**.
Wenn Sie ein Spiel nicht eins zu eins umsetzen können, bieten die genannten **Variationsmöglichkeiten** Hilfen, den Spielverlauf individuell zu erweitern oder abzuwandeln.
Das Spielen selbst ist schön und bereitet Kindern Freude. Wichtig ist aber auch, nach dem Spiel den Verlauf, inhaltliche Fragen, persönliche Erkenntnisse und die Gruppendynamik zu **reflektieren**. Hierzu finden Sie kurze Anregungen am Ende der Beschreibungen.

Vorwort

Wichtige Grundlage des Spielens ist die Motivation vor dem Spiel und die Freude beim Spielen. Hier sollten Sie als **Spielleiter in der Rolle des Vorbilds** die Spielfreude bei den Kindern fördern.

- Achten Sie darauf, dass Sie die Spielregeln genau erklären und dass die Kinder sie einhalten.
- Schaffen Sie die notwendigen Rahmenbedingungen, damit das Spielen reibungslos ablaufen kann (Raum, Materialien, Zeit etc.).
- Seien Sie nicht sparsam mit Lob, und richten Sie den Blick auf die Neugier und die Entwicklungsmöglichkeiten der Kinder.
- Überfordern bzw. unterfordern Sie die Kinder nicht. Das wird Ihnen gelingen, wenn Sie das Spielen gut vorbereiten und evtl. Spieländerungen einplanen, ggf. auch Varianten mit den Kindern gemeinsam überlegen.
- Ermuntern Sie zurückhaltende Kinder, sich mit ihren Fertigkeiten einzubringen. Beobachten Sie daher jedes Kind beim Ablauf des Spieles, und schenken Sie bei Problemsituationen den Kindern die entsprechende Aufmerksamkeit.

Die vorliegende Spielesammlung ist eine Art Steinbruch, in dem Sie neue und altbekannte Spiele finden werden. Wenn Sie darüber hinaus nach weiteren Ideen suchen, empfehle ich Ihnen die Medientipps am Ende des Buches.

Viel Freude beim Spielen und Lernen wünscht Ihnen

Arthur Thömmes

Ich bin …

Material: Karteikarten, Stifte, doppelseitiges Klebeband

Alter: ab Kl. 3

Dauer: ca. 15 Minuten

Ziel: Fähigkeiten und Eigenschaften von sich und anderen wahrnehmen

Spielart: Selbsterfahrungsspiel

Beschreibung

Jedes Kind erhält eine Karte mit unterschiedlichen Satzanfängen („Ich bin …", „Ich kann …", „Ich werde …", „Ich habe …"). In Stillarbeit werden die Karten ausgefüllt. Auf die Rückseite notieren die Kinder ihren Namen. Die Karten werden nun kräftig vermischt. Jedes Kind nimmt sich anschließend eine Karte und klebt diese mit einem Streifen doppelseitigen Klebebands auf die Brust. Alle gehen im Klassenraum herum, und auf Zuruf stellen sich zwei Schüler gegenüber. Sie sollen nun auf Grund der Sätze erraten, wen der andere vertritt. Nachdem die Kinder ihre Vermutung überprüft haben, werden neue Partner gesucht.

Hinweis

Die Satzanfänge können vor Beginn des Spiels gemeinsam ausgewählt werden.

Variationen

- Die Karten werden alle an mehrere Pinnwände geheftet. Es werden mehrere Spielgruppen gebildet, die versuchen, die Personen zu erraten. Falls ein Kind eine seiner Karten sieht, muss es sich still verhalten.
- Sie können nach jeder Begegnungsrunde einen Punkt pro geratener Person vergeben. Verbessert sich die Klasse von Runde zu Runde?

Reflexion

In einem anschließenden Gespräch überlegen alle gemeinsam, warum einzelne Kinder gut und andere schwer zu erraten waren.

Sinnesstationen

Material: Augenbinde für die Hälfte der Kinder, unterschiedliche Gegenstände an den Sinnesstationen, an Station „Schmecken" z.B. Äpfel, Schokolade, Reiswaffeln, Kräuter, Wasser

Alter: ab Kl. 1

Dauer: ca. 40 Minuten

Ziel: bewusste Wahrnehmung, Schulung der Sinne

Spielart: Selbsterfahrungsspiel

Beschreibung

Stimmen Sie die Kinder durch eine Wahrnehmungsübung ein, z.B.: sich mit geschlossenen Augen auf hörbare Geräusche konzentrieren. Die Kinder sollen dann in 2er-Gruppen mit allen Sinnen die Natur wahrnehmen. Kind A hat die Aufgabe, Kind B zu den verschiedenen Stationen zu führen. Während des Spiels wird nicht gesprochen. Für jeden Sinn stehen etwa drei bis vier Minuten zur Verfügung.

- *Sehen:* B konzentriert sich ganz auf das, was er sieht, und versucht dabei, die anderen Sinne auszuschalten.
- *Tasten und fühlen:* Die Augen von B werden verbunden. A führt ihn und lässt ihn verschiedene Gegenstände berühren (Hauswand, Baum, Blume, Auto etc.).
- *Hören:* B soll sich ganz auf das konzentrieren, was er hört.
- *Schmecken:* B konzentriert sich mit verbundenen Augen auf den Geschmack bestimmter Dinge, die A für ihn auswählt.
- *Riechen:* Wie riecht die Natur? Wie riecht es im Gebäude? Evtl. schließen die Kinder die Augen.

Danach tauschen die Kinder die Rollen.

Hinweis

Bereiten Sie im Vorfeld verschiedene Stationen vor, zu denen die Kinder gehen. Entscheiden Sie selbst, ob diese Stationen in einem Raum aufgebaut werden oder ob die Kinder dabei auch im Gebäude und auf dem Gelände unterwegs sein sollen.

Gefühlswelten

Material: 1 Satz Gefühlskarten für jede Gruppe (s. Folgeseite)

Alter: ab Kl. 2

Dauer: ca. 20 Minuten

Ziel: Gefühle ausdrücken und nachempfinden

Spielart: Selbsterfahrungsspiel

Beschreibung

Es werden mehrere Gruppen (ca. sechs Kinder je Gruppe) gebildet. Die Gefühlskarten liegen zugedeckt auf dem Tisch. Alle Kinder nehmen eine Karte auf. Ohne den anderen das Wort mitzuteilen, betrachtet jedes Kind kurz sein Gefühl und überlegt, wie es dieses am besten ausdrücken kann. Nacheinander stellt jedes Kind sein Gefühl körperlich oder in Worten vor, ohne es zu nennen (z.B.: fröhlich – „So fühlt sich jemand, der gerade über das ganze Gesicht strahlt"). Die anderen erraten, um welches Gefühl es sich dabei handelt.

Variationen

- Die Gefühlskarten werden offen hingelegt und nach angenehmen und unangenehmen Gefühlen sortiert.
- Die Kinder erfinden zu selbstgewählten Karten kurze Gefühlsgeschichten („Die Geschichte von der Angst"), schreiben sie auf und lesen sie vor.
- Die Kinder suchen sich eine Karte heraus, die ausdrückt, wie sie sich im Moment fühlen oder wie sie sich gerne fühlen möchten. Dazu malen sie ein Bild.
- Die Kinder wählen eine Karte und gestalten dazu eine Gefühlsmaske.

Reflexion

In einem Gespräch erzählen die Kinder, was sie mit den einzelnen Gefühlen verbinden („Wie fühlst du dich, wenn es dir gut/schlecht geht?"). Dabei können sie ihre eigenen Erfahrungen verdeutlichen.

Gefühlswelten

traurig	fröhlich	ängstlich	wütend
einsam	begeistert	glücklich	mutig
aufgeregt	verärgert	enttäuscht	stark
schüchtern	müde	stolz	sicher
hilflos	satt	heiter	verliebt
gelangweilt	schlecht gelaunt	zornig	streitlustig
angeekelt	hungrig	beleidigt	nachdenklich

Luftballontanz

Material: Luftballons in Klassenstärke, unterschiedliche Musik-CDs, CD-Player

Alter: ab Kl. 1

Dauer: ca. 20 Minuten

Ziel: Konzentration, Gefühle ausdrücken, behutsames Miteinander

Spielart: Konzentrationsspiel, Entspannungsspiel

Beschreibung

Jedes Kind erhält einen Luftballon, den es zunächst vorsichtig aufblasen muss. Erläutern Sie den Kindern, dass sie behutsam mit ihrem Luftballon umgehen müssen, da er sonst zerplatzt. Spielen Sie zunächst langsame Musik ab, zu der die Kinder mit ihrem Ballon tanzen sollen. Dabei tippen sie ihn vorsichtig mit den Fingerspitzen in die Höhe und bewegen sich im Raum. Sie sollen dabei den Raum ausnutzen, ohne anderen in die Quere zu kommen. Sie können aber auch – ohne zu sprechen – Kontakt zu anderen „Tänzern" aufnehmen und gemeinsame Bewegungen entwickeln. In der zweiten Runde wird ein flotterer Rhythmus abgespielt, der die Kinder zu einem lebhafteren Luftballontanz anregen soll. Dabei müssen sie wiederum die anderen Tänzer beachten.

Variationen

- Paare werfen sich die Ballons gegenseitig zu. In jeder Runde kommt ein Kind dazu, sodass die Spielkreise immer größer werden.
- Ein Riesenballon wird zur Musik im Raum bewegt.

Reflexion

Was können wir aus dem Umgang mit dem Luftballon lernen?
Was passiert, wenn Menschen behutsam miteinander umgehen?

Wutbox

Material: kleine Zettel mit Satzanfängen, Stifte, Schuhkarton o.Ä. als „Wutbox"

Alter: ab Kl. 1

Dauer: ca. 5 Minuten

Ziel: Aggressionen abbauen

Spielart: Selbsterfahrungsspiel

Beschreibung

Einmal eingeführt, eignet sich diese Aktivität, um eine angespannte Situation zu beruhigen oder als festes Ritual, wenn einzelne Kinder sich kurzfristig von angestauter Wut befreien möchten. Auf einem Tisch liegen „Wutzettel", auf denen der Satzanfang „Ich bin wütend, weil ..." steht. Wer möchte, kann seine wütenden Gefühle auf einem der Zettel notieren. Anschließend zerknüllt und zerreißt er den Zettel und wirft ihn in die Wutbox. Regelmäßig werden die Wutzettel in der Box verbrannt.

Hinweis

Wenn die Wutbox zur festen Einrichtung wird, können die Kinder spontan einen Wutzettel ausfüllen, wenn ihnen danach zu Mute ist. Erläutern Sie den Kindern den Sinn dieser Aktivität, bevor Sie sie als festes Ritual einführen.

Beachten Sie beim Verbrennen die Sicherheitsvorschriften Ihrer Einrichtung.

Variationen

- An einer Wutwand können die Kinder den Grund ihrer Wut notieren. Andere Kinder können dann Vorschläge machen, wie man die Situation lösen kann.
- Wut lässt sich auch weg-laufen, z.B. in der Sporthalle oder auf dem Schulhof.

Gefühlswürfel

Material: großer Würfel, die Seiten beschriftet mit unterschiedlichen Gefühlen

Alter: ab Kl. 1

Dauer: ca. 30 Minuten

Ziel: über Gefühle sprechen

Spielart: Kommunikationsspiel

Beschreibung

Auf jeder Seite eines großen Würfels steht ein Gefühlswort. Die Kinder würfeln nacheinander. Zu dem Wort auf der gewürfelten Seite kann das Kind etwas sagen. Die Äußerungen werden nicht kommentiert.
Beispiele:

- traurig
- glücklich
- Angst
- wütend
- Träume
- ?

Das Fragezeichen ist ein Joker. Wenn diese Seite gewürfelt wird, kann das würfelnde Kind einem anderen Kind aus der Runde irgendeine Frage zum Thema Gefühle stellen.

Hinweise

- Basteln Sie den Würfel vorab, oder nehmen Sie einen großen Würfel, und bekleben Sie ihn mit den Gefühlswörtern.
- Der Würfel lässt sich sehr vielseitig einsetzen, wenn auf den Flächen Prospekthüllen aufgeklebt sind. So können Sie die Beschriftungen immer wieder austauschen.

Variation

Mit Hilfe von Leitfragen auf dem Würfel werden Texte besprochen.

Namensrätsel

Material: (Kartei-)Karten, Stifte

Alter: ab Kl. 2

Dauer: ca. 45 Minuten

Ziel: Eigenschaften anderer wahrnehmen

Spielart: Kommunikationsspiel, Selbsterfahrungsspiel

Beschreibung

Die Kinder schreiben ihren Vornamen senkrecht in Druckbuchstaben untereinander auf eine Karte. Jedem Buchstaben ordnen sie ein Wort zu, das etwas über sie aussagt. Das kann eine Eigenschaft, ein Hobby oder auch ein Urlaubsort sein. Die Wörter werden waagerecht hinter die Anfangsbuchstaben des Namens eingetragen. So entsteht ein Akrostichon. Sammeln Sie anschließend die Karten ein. Lesen Sie vom ersten Blatt die Wörter in ungeordneter Reihenfolge vor. Die Kinder notieren sich die Anfangsbuchstaben. Sie überlegen mit Hilfe der Buchstaben und Wörter, um wen es sich handelt. Das Kind selbst darf natürlich nicht mitmachen. Wer den Namen weiß, sagt ihn laut. Es folgt das zweite Kind usw.

Hinweis

Das Spiel eignet sich gut zum besseren Kennenlernen, bei dem auch nachgefragt werden kann.

Variation

Die Kinder bilden mit den Anfangsbuchstaben ihres Vornamens einen Satz, der etwas über sie aussagt.

Fantasiewege

Material: –

Alter: ab Kl. 3

Dauer: ca. 15 Minuten

Ziel: imaginäre Körperwahrnehmung, Fantasie entwickeln

Spielart: Imaginationsspiel, Selbsterfahrung

Beschreibung

Bereiten Sie die Kinder auf das Spiel vor: „Wir Menschen verfügen über eine tolle Fähigkeit. Wir können uns in Gedanken Bilder machen. So können wir uns an bestimmte Orte denken. Das probiert ihr gleich auch einmal aus."
Die Kinder ziehen zunächst die Schuhe und Strümpfe aus. Jetzt sucht sich jedes Kind einen Platz im Raum. Lesen Sie den Kindern die Wege-Fantasiereise vor, und machen Sie bei den Zeichen jeweils eine kleine Pause.
„Schließe nun deine Augen, und stelle dir vor, dass du einen Weg gehst. Achte dabei auf den Untergrund und wie du dich beim Gehen fühlst. Ruhig und gelassen gehst du zunächst auf einer normalen Teerstraße. Du spürst, wie hart der Belag ist. ◆ Nun biegst du ab auf eine Wiese mit hohem Gras. Ganz weich und fedrig ist das Gras unter deinen Füßen und an deinen Beinen. ◆ Du gehst von der Wiese ab und gelangst auf einen steinigen Weg. Spürst du die Steine unter deinen Füßen? ◆ Du verlässt den Steinweg und kommst in einen Wald. Du fühlst das zarte Moos unter den Füßen. ◆ Du gehst weiter auf dem Waldweg, und es beginnt, zu regnen. Der Boden wird ganz matschig. Der Matsch bedeckt deine ganzen Füße. ◆ Du verlässt den Wald und gelangst zum Strand. Der Weg wechselt in Sand über. Er ist heiß, und du kannst dich nur langsam bewegen. ◆ Verweile ein wenig im Sand, und öffne danach wieder deine Augen. Gehe jetzt in Ruhe durch den Raum, und ziehe deine Strümpfe und Schuhe wieder an."

Fantasiewege

Hinweise

- Mit dieser Imagination soll die Fantasie der Kinder ganzheitlich gefördert werden.
- Achten Sie darauf, dass der Boden nicht zu kalt ist. Ggf. können sich die Kinder auf Teppichfliesen stellen.
- Sie können mit dieser Übung auch an das Thema „Weg“ anknüpfen. Es gibt Lebenswege, die sind sehr steinig, wenn Menschen z.B. in Not sind. Es gibt aber auch schöne Lebenswege, auf denen wir uns sehr wohlfühlen. Im Anschluss könnten die Kinder die unterschiedlichen Wege und Lebenserfahrungen malen.

Variation

Sie erläutern die Übung und sammeln mit den Kindern unterschiedliche Wegbeläge, die dann in der Fantasiereise vorkommen.

Reflexion

Wie hast du das Gehen in Gedanken erlebt? Hattest du an manchen Stellen das Gefühl, wirklich etwas zu spüren?

Unvollendetes Gemälde

Material: Arbeitsblatt (s. Folgeseite), Buntstifte, Karten

Alter: ab Kl. 1

Dauer: ca. 30 Minuten

Ziel: Fantasie entwickeln

Spielart: Kreativspiel

Beschreibung

Die Kinder erhalten das Arbeitsblatt mit dem unvollständigen Bild. (Kopieren Sie es ggf. auf DIN A4.) Sie sollen es nach ihren eigenen Vorstellungen zu Ende malen. Dem fertigen Bild geben sie einen Titel, den sie auf eine Karte schreiben. Dabei gibt es sonst keinerlei Vorgaben zur Gestaltung. Anschließend werden die Bilder aufgehängt, und die Kinder schauen sich die Ausstellung an.
Die Titelkarten werden getrennt ausgelegt. Gemeinsam versuchen alle, den richtigen Titel den jeweiligen Bildern zuzuordnen. Die Künstler erläutern kurz ihre Werke.

Hinweis

Sie können als Vorgabe neben den Formen auch andere Motive (z.B. Tier, Mensch, Haus) gestalten. Halten Sie aber die Vorgaben bewusst schlicht und offen für sehr unterschiedliche Ansätze.

Variation

Geben Sie den Kindern ein Thema oder einen Titel vor, zu dem sie das unvollendete Bild weitergestalten sollen.

Reflexion

Was wollte ich mit meinem Bild ausdrücken? Warum habe ich den Titel gewählt?

Unvollendetes Gemälde

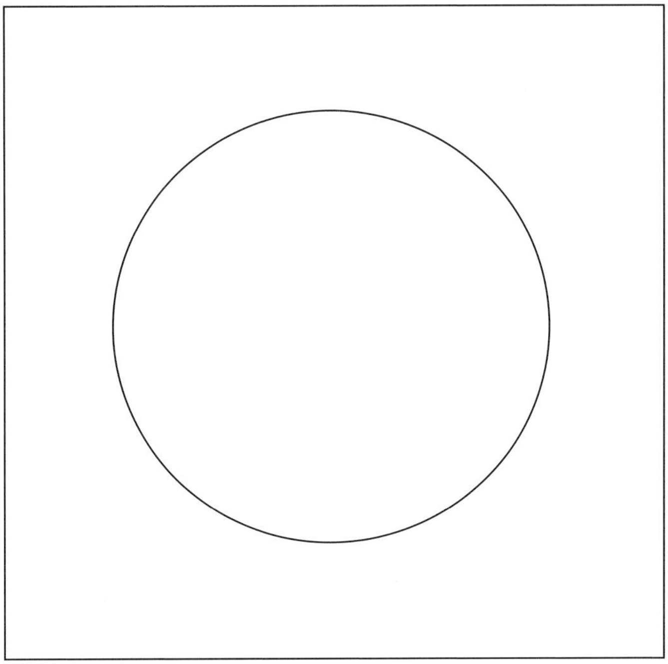

Das bin ich!

Material: Tapetenrollen, Stifte, Wasserfarben

Alter: ab Kl. 1

Dauer: ca. 2 Stunden

Ziel: sich selbst und andere beschreiben

Spielart: Kreativspiel, Selbsterfahrungsspiel

Beschreibung

Jedes Kind erhält ein Stück Tapete entsprechend der Körpergröße. Die Tapeten werden auf dem Boden ausgelegt. Die Kinder tun sich zu zweit zusammen und malen sich gegenseitig ihre Körperumrisse auf das Papier. Nun kann jedes Kind seinen Umriss mit Wasserfarben gestalten. Dabei kann es den Körperteilen realistische Farben geben oder „Gefühlsfarben". Wenn die Farbe getrocknet ist, können die Kinder das Bild beschriften und sich selbst beschreiben (Name, Hobby, Stärken, Schwächen, Träume, Ängste etc.). Zum Abschluss werden die Tapeten aufgehängt, und alle können rundgehen und sich die Ergebnisse betrachten.

Hinweis

Achten Sie darauf, dass der Raum groß genug ist, damit alle Kinder auf dem Boden Platz finden.

Variationen

- Die fertigen Plakate werden ohne Namen aufgehängt. Die Umrisse werden auf Grund der Aussagen den Kindern zugeordnet.
- Wenn Sie weniger Zeit haben, lassen Sie die farbige Gestaltung weg.

Reflexion

Bei Variation 1: Habe ich mich so beschrieben, wie andere Kinder mich sehen? Habe ich etwas über mich erfahren, das ich vorher nicht wusste?

Stell dir vor ...

Material: Zettel, Stifte

Alter: ab Kl. 3

Dauer: ca. 20 Minuten

Ziel: Fremd- und Selbstwahrnehmung stärken, Arbeit mit Symbolen üben

Spielart: Selbsterfahrungsspiel, Kommunikationsspiel

Beschreibung

Erläutern Sie den Kindern das Spiel: „Stell dir vor, du wärst ein Tier. Suche dir ein Tier, das Eigenschaften hat, die gut zu dir passen. Wärst du ein flinker und schlauer Affe, eine emsige Ameise, die für die Gemeinschaft arbeitet, ein Esel, der stur sein kann, aber viel Arbeit schafft? Oder welches Tier stellst du dir für dich vor?" Jedes Kind überlegt sich ein Tier und schreibt den Namen mit den entsprechenden Eigenschaften auf einen Zettel. Die Zettel werden eingesammelt und nacheinander geöffnet. Die Kinder überlegen, zu wem das Tier passen könnte. Die Kinder, die erraten werden, erläutern ihre Wahl.

Variationen

- Die Kinder können auf die Zettel ein Kreuz machen, das bedeutet, dass sie nicht geraten werden möchten. Es werden dann nur die Kinder zu den Zetteln ohne Kreuz erraten.
- Statt einem Tier können sich die Kinder auch Musikinstrumente, Farben, Autos oder Pflanzen vorstellen.

Reflexion

Warum habe ich ein bestimmtes Tier gewählt? Wo liegen die Ähnlichkeiten? Gibt es mehr als eine Ähnlichkeit?

Flüsterwunsch

Material: –

Alter: ab Kl. 1

Dauer: ca. 5 Minuten

Ziel: Konzentration

Spielart: Kommunikationsspiel

Beschreibung

Geben Sie am Ende der Stunde den Kindern einen Gruß oder Wunsch mit auf den Weg. Dazu setzen sich die Kinder in einen Sitzkreis auf den Boden. Flüstern Sie dem ersten Kind Ihren Wunsch ins Ohr. („Ich wünsche dir noch einen schönen Tag!“, „Versuche heute, möglichst vielen Menschen eine Freude zu bereiten!“ o.Ä.). Jedes Kind flüstert seinem Nachbarn den Satz ins Ohr. Das letzte Kind sagt das Geflüsterte allen laut.

Hinweis

Das Spiel kann zu einem schönen Ritual werden, das in der kommenden Stunde nochmals kurz aufgegriffen wird („Wie hat der Wunsch deinen Tag beeinflusst?“).

Variation

Abwechselnd überlegen sich die Kinder einen Wunsch, den sie weiterflüstern.

Fallender Baum

Material: –

Alter: ab Kl. 1

Dauer: ca. 10 Minuten

Ziel: ein- und ausatmen, entspannen

Spielart: Entspannungsspiel

Beschreibung

Die Kinder setzen sich alle auf den Boden. Sie stellen sich vor sie. „Stellt euch jetzt vor, ihr seid ein ganz starker Wind. Ich bin ein Baum, der vor euch steht. Ihr blast nacheinander und dann gemeinsam so stark, dass der Baum mit seinen Ästen wackelt. Versucht, ihn umzublasen!" Lassen Sie sich nun langsam fallen. Fordern Sie die Kinder nun auf, ganz kräftig einzuatmen, um den Baum wieder aufzustellen. „Stellt euch vor, ihr saugt die Luft durch einen Strohhalm! Schafft ihr es, den Baum wieder zum Stehen zu bringen?" Stellen Sie sich anschließend langsam wieder auf. Die Übung kann mehrmals hintereinander durchgeführt werden.

Hinweise

- Am besten öffnen Sie bei diesem Atemspiel die Fenster.
- Die Übung eignet sich gut zur Entspannung zwischendurch, damit die Kinder wieder neue Kraft finden.

Variationen

- Mehrere Kinder spielen Schiffe auf stürmischer See, die von den anderen umgepustet werden.
- Die Kinder atmen im Stehen ein und aus. Dabei heben sie beim Einatmen die Hände über den Kopf und lassen sie beim Ausatmen wieder sinken.

Schwamm ausdrücken

Material: –

Alter: ab Kl. 1

Dauer: ca. 15 Minuten

Ziel: Anspannung und Entspannung üben

Spielart: Entspannungsspiel, Imaginationsspiel

Beschreibung

Die Kinder stellen sich vor, sie hätten einen nassen Schwamm in der Hand, den sie bis zum letzten Tropfen ausdrücken. Beginnen Sie mit der rechten Hand. Es folgen die linke Hand und anschließend beide Hände. Nach der Anspannung werden die Hände ausgeschüttelt. Setzen Sie den „nassen Schwamm" bei mehreren Körperteilen ein: unter den Armen, zwischen Kinn und Brust, zwischen den Kniekehlen, zwischen den Knien, unter den Füßen.

Hinweis

Durch das Drücken und Lockern wechseln spielerisch Anspannung und Entspannung ab.

Variation

Weitere Bilder zum An- und Entspannen: Grimasse ziehen – lachen; einen Bodybuilder spielen, der seine Muskeln zeigt ...

Aufwachen

Material: ggf. Geräuscherzeuger

Alter: ab Kl. 1

Dauer: ca. 10 Minuten

Ziel: zur Ruhe kommen, still werden

Spielart: Entspannungsspiel, Konzentrationsspiel

Beschreibung

Alle Kinder legen für einige Minuten ihre Arme auf den Tisch, das Gesicht darauf und schließen die Augen. Dabei soll es im Raum ganz still sein. Für jede Tischgruppe wird ein bestimmtes Geräusch vereinbart, nach dessen Erklingen sie wieder aufwachen (Fingerschnipsen, Schlüsselrasseln, Buchseite umblättern u.a.). Die Kinder merken sich ihr Geräusch und wachen nacheinander wieder auf. Dabei müssen sie aber still bleiben, bis alle Gruppen „geweckt" wurden.

Hinweis

Die Geräusche können auch als Signal dienen, dass alle Gruppen nacheinander „einschlafen".

Variation

Um spontan eine Stillephase einzulegen (z.B. bei größerer Unruhe), wird ein Geräusch vereinbart, bei dem das Aufwachspiel durchgeführt wird. Ein hilfreiches Ritual!

Stille

Material: Liedblatt (s. Folgeseite)

Alter: ab Kl. 1

Dauer: ca. 10 Minuten

Ziel: Stille einüben, zur Ruhe kommen

Spielart: Konzentrationsspiel, Entspannungslied

Beschreibung

Summen Sie das Lied vor. Die Kinder stimmen nach und nach ein. Ist die Melodie sicher, singen Sie den Text, und die Kinder summen anschließend die Melodie wieder. Dabei führen die Kinder die im Lied beschriebenen Handlungen aus.

Hinweise

- Die Kinder können bei dem Lied sitzen, stehen oder sich ruhig im Raum bewegen.
- Das Lied können Sie immer dann einsetzen, wenn es unruhig in der Klasse wird. Beginnen Sie einfach mit dem Summen der Melodie, die den Kindern vertraut ist.

Variation

Die Kinder können sich selbst weitere Strophen ausdenken.

Wir sind ganz leise

Text und Musik: Arthur Thömmes

2. ... und geben uns die Hände.

3. ... und denken an was Schönes.

4. ... und schau'n uns in die Augen.

5. ... und ...

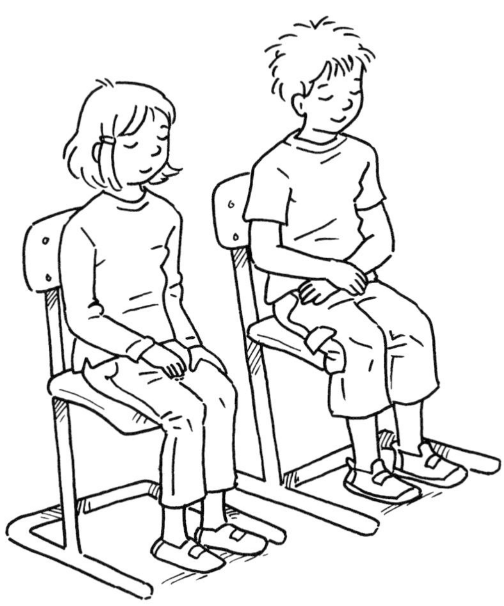

Stern sein

Material: Liedblatt, Sterne aus Karton (s. Folgeseiten), Scheren, Stifte

Alter: ab Kl. 1

Dauer: ca. 45 Minuten

Ziel: erkennen, wie man für andere da sein kann

Spielart: Kreativspiel

Beschreibung

Zeigen Sie den Kindern die vorbereiteten Sterne (s. S. 30), auf denen folgende Wörter stehen: Alleinsein, Freund, Gespräch, Glück. Was könnten diese Begriffe mit den Sternen zu tun haben? Erarbeiten Sie mit den Kindern, was es bedeuten kann, für einen Menschen „ein Stern zu sein". Singen Sie anschließend mit den Kindern das Lied „Du kannst ein Stern sein". Nun erhält jedes Kind einen Stern, auf den es schreiben kann, wie es selbst für andere ein Stern sein kann. Formulieren Sie aus ausgewählten Sternen neue Strophen, die anschließend gemeinsam gesungen werden. Hierfür sind auf dem Liedblatt schon leere Zeilen vorgesehen.

Hinweise

- Wegen der einfachen Melodie ist das Lied schnell eingeübt.
- Diese Aktivität eignet sich gut in der **Weihnachtszeit**.

Variation

Singen Sie mit den Kindern das erweiterte Lied im Weihnachtsgottesdienst der Schule.

Reflexion

Für wen bin ich schon einmal ein Stern gewesen? Wer ist für mich schon einmal ein Stern gewesen?

Du kannst ein Stern sein

Text und Musik: Arthur Thömmes

Auch du kannst ein Stern sein für andere Menschen!
Vielleicht fallen dir noch weitere Strophen ein.

Stern sein

Kopiervorlage (2/2)

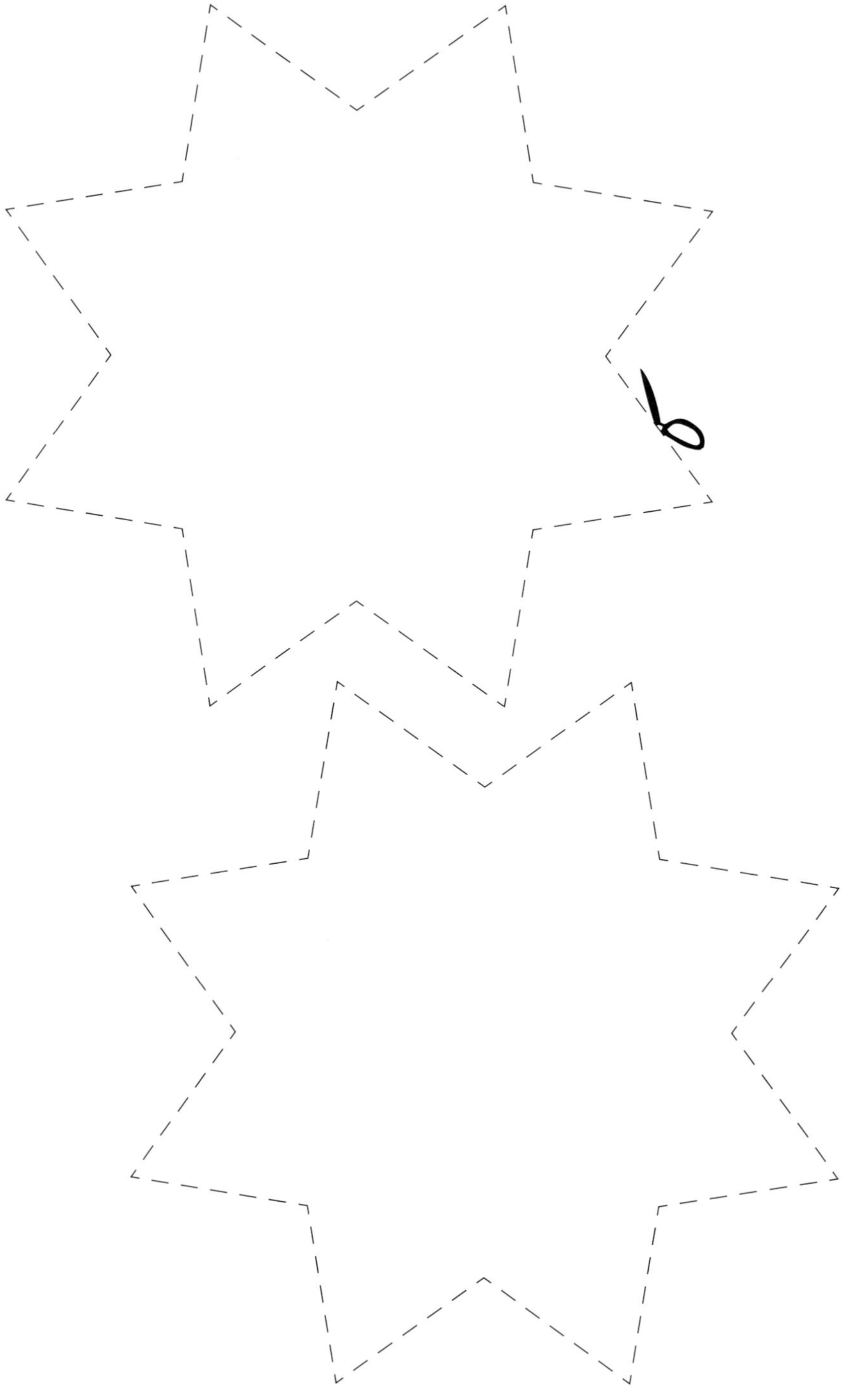

St. Martin: Auge, Herz, Hand

Material: Arbeitsblatt (s. Folgeseite); Symbolkarten von Auge, Herz, Hand (s. S. 33, einmal groß kopiert, zusätzlich eine Karte für jedes Kind); Stifte

Alter: ab Kl. 3

Dauer: ca. 45 Minuten

Ziel: Gehalt einer Martinsgeschichte erschließen

Spielart: Rollenspiel, Kreativspiel

Beschreibung

Zeigen Sie den Kindern die drei Symbole Auge, Herz und Hand. Erarbeiten Sie die Symbolik mit den Kindern, oder erläutern Sie sie, etwa folgendermaßen:
„Drei Dinge sind für Christen und eigentlich für alle Menschen ganz wichtig:
Mit meinen Augen sehe ich, wenn Menschen Hilfe brauchen.
Mit meinem Herzen fühle ich, dass sie Hilfe brauchen.
Mit meinen Händen helfe ich."
Sie erzählen nun langsam und schrittweise eine Martinslegende, z.B. wie Martin dem Bettler hilft. Die Kinder erhalten jeweils eine Symbolkarte. Diese heben sie an passenden Stellen hoch, etwa auf Schulterhöhe. Um zu signalisieren, dass sie etwas sagen möchten, strecken sie den Arm ganz aus und sprechen in der Ich-Form.
Anschließend bearbeiten die Kinder die Kopiervorlage, auf der sie Beispiele formulieren, wie sie selbst Vorbilder sein können.

Hinweis

Die Legende sollte den Kindern bekannt sein, dann können sie bei dem Spiel flexibler agieren.

Reflexion

Zur Reflexion stellen die Kinder ihre Arbeitsblätter mit den Beispielen vor.

St. Martin: Auge, Herz, Hand

Kopiervorlage (1/2)

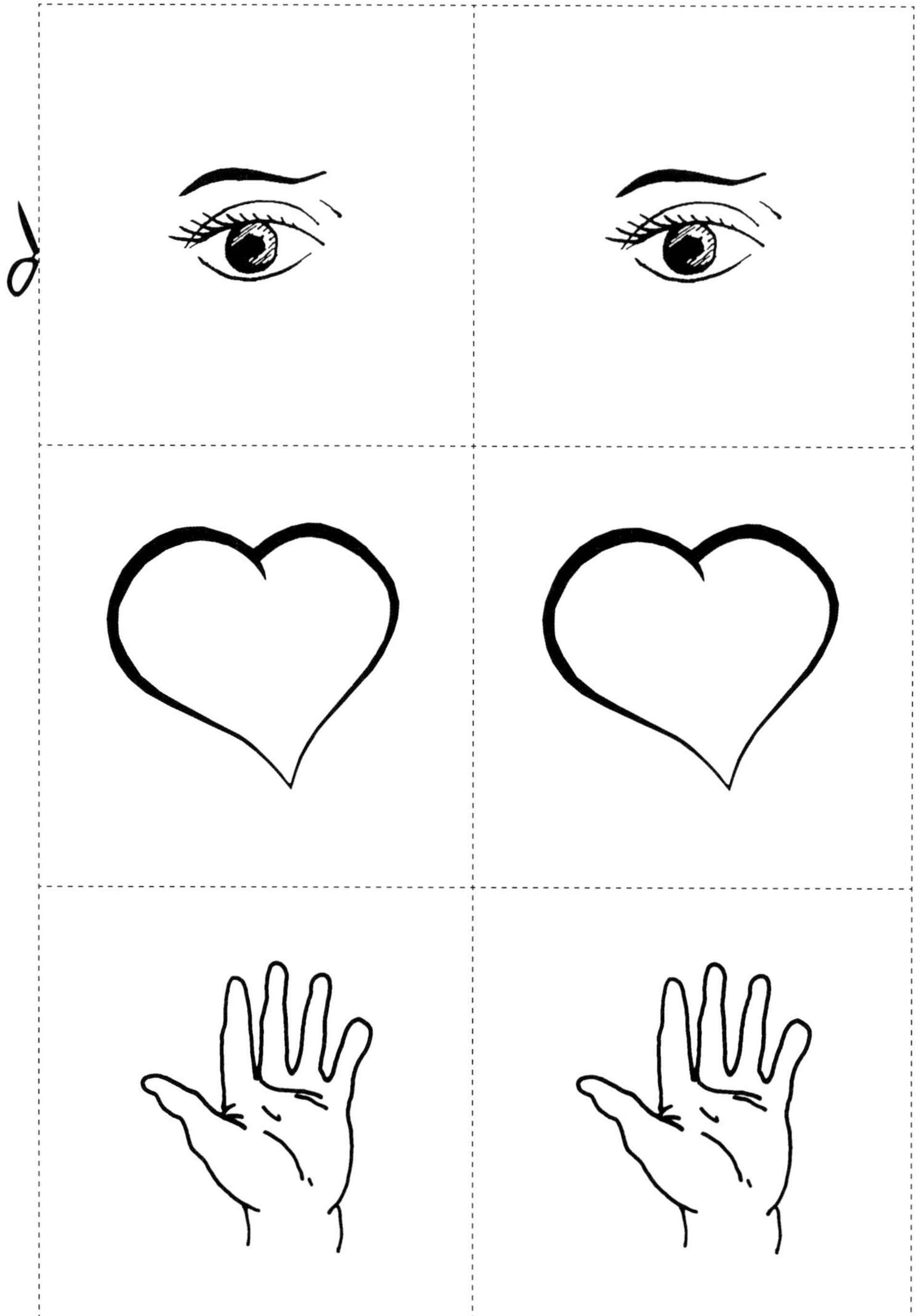

St. Martin: Auge, Herz, Hand

Kopiervorlage (2/2)

Überlege dir ein Beispiel, wie du helfen kannst.
Schreibe auf, wie Auge, Herz und Hand zusammenarbeiten.

Ich sehe ... ______________________

____

____

____

____

____

Ich fühle ... ______________________

____

____

____

____

____

Ich handle ... ______________________

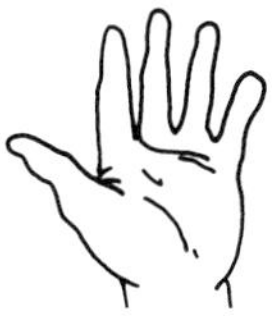

____

____

____

____

____

Jasager und Neinsager

Material: –

Alter: ab Kl. 3

Dauer: ca. 5–10 Minuten

Ziel: Aushaltenkönnen von Gegenpositionen

Spielart: Selbsterfahrungsspiel, Entspannungsspiel

Beschreibung

Zwei Gruppen stehen sich gegenüber, eine Neinsager- und eine Jasager-Gruppe. Das erste Kind der Jasager ruft laut „Ja", das ihm gegenüberstehende Kind antwortet ihm mit einem unüberhörbaren „Nein". Es folgen zwei Jasager und zwei Neinsager usw. Am Schluss schreien sich beide Gruppen laut an.
Ggf. können sie dann noch einmal die Rollen tauschen.

Hinweis

Es ist wichtig, dass Kinder lernen, Grenzen zu setzen, indem sie laut und deutlich Nein sagen. Auch das Vertreten der eigenen Meinung, evtl. gegen die Mehrheit, will gelernt sein. Wenn es auch eine tiefergehende Auseinandersetzung nicht ersetzen kann, will das Spiel helfen, dass auch ruhigere Kinder wagen, laut und deutlich Position zu beziehen. Zudem wirkt es sehr entlastend.

Variation

Beim Neinsagen schauen die Kinder einem Jasager fest in die Augen.

Reflexion

Was war das für ein Gefühl, klar und deutlich Ja oder Nein zu sagen? Was war leichter, das Ja oder das Nein? Kennt ihr Situationen, in denen ihr euch nicht getraut habt, Ja oder Nein zu sagen?

Inselspiel

Material: Karten, Stifte, Klebepunkte

Alter: ab Kl. 3

Dauer: ca. 45 Minuten

Ziel: darüber nachdenken, was einem wichtig ist

Spielart: Kommunikationsspiel, Selbsterfahrungsspiel

Beschreibung

Erläutern Sie den Kindern das Spiel: „Stellt euch vor, ihr seid mit einem großen Schiff unterwegs. Plötzlich kommt ein Sturm auf, und alle müssen auf eine Insel flüchten. Dort gibt es Wasser, Nahrung und Höhlen als Unterschlupf, aber keine gefährlichen Tiere. Jeder Passagier darf nur einen Gegenstand mitnehmen. Welchen Gegenstand würdest du auswählen?"

Die Kinder schreiben die Gegenstände auf eine Karte. Sie werden ausgelegt und vorgelesen. Jedes Kind sagt, warum es gerade diesen Gegenstand mitnehmen möchte. Jedes Kind erhält anschließend einen Klebepunkt, um einen Gegenstand der anderen Kinder auszuwählen, den es ebenfalls wichtig findet, und klebt einen Klebepunkt auf die entsprechende Karte. Die fünf am häufigsten gewählten Gegenstände werden nun bestimmt und besprochen.

Variationen

- Die Kinder zeichnen die Gegenstände.
- Die Kinder können nicht nur Gegenstände, sondern auch Gefühle mitnehmen (z.B. Mut, Vertrauen).

Reflexion

Wieso sind so viele unterschiedliche Dinge genannt worden? Wieso sind in der zweiten Runde bestimmte Dinge häufiger ausgewählt worden als andere?

Achtung Ampel!

Material: quadratische Pappe, Wasserfarben, Filz- oder Buntstifte, eine Wäscheklammer pro Kind

Alter: ab Kl. 1

Dauer: ca. 20 Minuten

Ziel: momentane Befindlichkeit ausdrücken

Spielart: Selbsterfahrungsspiel

Beschreibung

Jedes Kind bastelt sich zunächst seine Gefühle-Ampel. Dazu knickt es die Pappe, sodass ein Rechteck entsteht. Auf einer Außenseite gestaltet es nun die drei Ampel-Lichter mit Wasserfarben oder Stiften. Die einzelnen Farben haben eine bestimmte Bedeutung und können mit Smileys gekennzeichnet werden: Rot = Mir geht es nicht gut!, Gelb = Ich fühle mich ganz gut!, Grün = Mir geht es prima!. Die Ampel kann nun aufgestellt werden. Am Beginn der Stunde können die Kinder ihre Ampel mit der Wäscheklammer auf die entsprechende Farbe einstellen.

Variationen

- Die Ampel wird auch in anderen Stunden ein festes Ritual in der Klasse.
- Sie können auch, anstatt der Vorlage, schwarzes Tonpapier nehmen und die Ampelflächen mit Tonpapier gestalten lassen.
- Die Kinder versuchen am Anfang der Stunde, herauszufinden, wie sich ihr Tischnachbar fühlt (z.B. durch ein Gespräch oder durch Deuten des Gesichtsausdrucks). Dann stellen sie die Ampel für ihn ein.

Reflexion

Natürlich können Sie nicht mit allen Kindern über ihre Befindlichkeit reden. Wer möchte, sollte dazu Gelegenheit haben. Ob die Kinder ihr momentanes Gefühl erläutern wollen, sollte freiwillig bleiben.

Fingerabdrücke

Material: ein Stempelkissen mit farbiger, abwaschbarer Tinte, Papier mit Fingerabdruck-Tabelle, Wasser, Seife

Alter: ab Kl. 1

Dauer: ca. 20 Minuten

Ziel: erkennen, dass jeder Mensch einmalig ist

Spielart: Selbsterfahrungsspiel

Beschreibung

Gestalten Sie zunächst ein Arbeitsblatt mit einer Fingerabdruck-Tabelle wie unten gezeigt. Jedes Kind erhält ein Blatt und schreibt seinen Namen darauf. Mit einem Stempelkissen erstellt es nach und nach alle Fingerabdrücke der rechten und linken Hand und wäscht sich dann die Hände. Alle Blätter werden gut sichtbar ausgehängt. Die Kinder gehen rund und vergleichen die Fingerabdrücke.

Hinweis

Achten Sie darauf, abwaschbare Tinte zu verwenden. Solche Stempelkissen erhalten Sie im Kindergartenfachhandel, z.B. unter *www.betzold.de* oder *www.wehrfritz.de*

Reflexion

Bei der Besprechung der Fingerabdrücke wird deutlich:
Jeder Fingerabdruck ist anders. Jeder Mensch ist einmalig.

Daumen rechts	Zeigefinger rechts	Mittelfinger rechts	

Komplimente

Material: Papier, Stifte

Alter: ab Kl. 2

Dauer: ca. 20 Minuten

Ziel: Wertschätzung für andere ausdrücken

Spielart: Selbsterfahrungsspiel, Kreativspiel

Beschreibung

Jedes Kind malt eine seiner Hände als Umriss auf ein Blatt Papier. Darüber schreibt es seinen Namen. Alle Blätter werden ausgelegt. Nun gehen alle Kinder rund und schreiben in die Finger der Blätter Komplimente an die jeweiligen Kinder (z.B. „Du bist ein guter Freund", „Du kannst schnell rennen"). Das Spiel endet, wenn auf jedem Blatt fünf Komplimente stehen.

Hinweis

Die Blätter werden ausgehängt, sodass alle Kinder sich immer wieder an ihren Komplimenten erfreuen können.

Variation

Statt der Komplimente können auch Wünsche für das Kind oder Stärken aufgeschrieben werden.

Reflexion

Über welche Komplimente freust du dich am meisten?
Wem wolltest du mit deinem Kompliment eine Freude bereiten?

Glücksschachtel

Material: 1 Streichholzschachtel pro Kind, Bastelmaterial (s.u.), Schnur mit ca. 10 Holzperlen pro Kind

Alter: ab Kl. 2

Dauer: ca. 30 Minuten für das Basteln

Ziel: Glück bewusst erleben

Spielart: Selbsterfahrungsspiel

Beschreibung

Jedes Kind erhält eine leere Streichholzschachtel. Sie soll zu einer Glücksschachtel umgestaltet werden. Stellen Sie den Kindern dazu Bastelmaterialien (z.B. Folie, buntes Papier, Pailletten, Schere, (Glitzer-) Klebstoff, Buntstifte) zur Verfügung. Zusätzlich erhält jedes Kind eine Schnur mit Perlen. Jedes Mal, wenn die Kinder sich glücklich fühlen, sollen sie eine Perle in die Schachtel legen. Beim nächsten Treffen bringen die Kinder ihre Glücksschachtel mit und berichten von ihren Glücksmomenten.

Hinweise

- Bei diesem Spiel geht es darum, erlebtes Glück bewusst wahrzunehmen und darüber zu sprechen.
- Die Schachtel wird in festgelegten Zeiträumen besprochen.
- Wählen Sie die Größe der Perlen passend zur Schachtelgröße.

Variationen

- Für ältere Kinder können bestimmte Perlen-Farben unterschiedlichen Situationen zugeordnet werden (z.B. Grün = Familie, Rot = Schule, ...).
- Möglich sind auch Wutschachteln oder Traurigsein-Schachteln.

Reflexion

In welchen Situationen hast du Glück erlebt? Kannst du beeinflussen, wie viele Perlen in der Schachtel sind?

Stolpersteine

Material: unterschiedliche Steine, Wasserfarben, Pinsel

Alter: ab Kl. 3

Dauer: ca. 45 Minuten

Ziel: Lebenssituationen benennen, in denen man „stolpern" kann

Spielart: Selbsterfahrungsspiel, Kreativspiel

Beschreibung

Sammeln Sie zunächst bei einem Gang in die Natur Steine unterschiedlicher Größe und Form. Auch über die folgenden Tage haben die Kinder die Aufgabe, möglichst viele Steine mitzubringen. Besprechen Sie mit den Kindern, was man alles mit Steinen machen kann (werfen, Mauern bauen, ...). Manchmal liegen in unserem Leben auch Steine im Weg, über die wir stolpern und uns dabei wehtun können. Die Kinder sollen sich Situationen überlegen, die für sie zum Stolperstein werden können. Ältere Kinder können auch abstrakte Begriffe, wie Neid, Wut, Gleichgültigkeit usw., für ihre Steine auswählen. Die Kinder gestalten die Steine mit passenden Wasserfarben und geben ihrem Stolperstein einen Namen. Jedes Kind stellt seinen Stein vor („Ich bin ein Stolperstein und heiße Angst"). Wenn sie möchten, können sie auch etwas dazu erzählen. Die Steine werden auf dem Boden verteilt, sodass sie eine Zeitlang bewusst wahrgenommen werden.

Hinweis

Es ist wichtig, dass die Kinder die symbolische Bedeutung der Steine erkennen. Es sollten keine Kinder als Stolpersteine benannt werden.

Reflexion

Wie kann ich die Steine erkennen, über die ich stolpern könnte? Habe ich anderen Menschen auch schon einmal Steine in den Weg gelegt?

Die Mitte finden

Material: Kerze, evtl. schönes Tuch, Steine etc.

Alter: ab Kl. 1

Dauer: ca. 5 Minuten

Ziel: zur Ruhe kommen

Spielart: Stilleübung

Beschreibung

Die Kinder setzen sich in einen Stuhlkreis. In der Mitte steht eine Kerze, evtl. auf einem schönen Tuch oder anders dekoriert. Diese Kerze zünden Sie erst an, wenn alle Kinder sitzen. Die Kinder nehmen eine bequeme Haltung ein, atmen ruhig und werden äußerlich und innerlich still. Dabei können sie die Kerze betrachten oder die Augen schließen.

Hinweis

Diese Übung kann zu einem Ritual werden, mit dem Sie jede Religionsstunde einleiten. Mit der Zeit bedarf es dann auch keiner Anleitung mehr, weil die Kinder es wie selbstverständlich machen.

Variationen

- Musik kann eine gute Hilfe sein, um dazu anzuregen, zur Ruhe zu kommen.
- Manchmal ist es auch sinnvoll, die Übung am Ende des Unterrichtstages oder der Stunde zu machen.
- Sie können die Übung auch thematisch einsetzen, indem Sie einen Gegenstand auswählen, der zum Thema der Stunde passt.

Gefühlsmasken

Material: –

Alter: ab Kl. 2

Dauer: ca. 30 Minuten

Ziel: Gefühle wahrnehmen und ausdrücken

Spielart: darstellendes Spiel, Selbsterfahrungsspiel

Beschreibung

Unterhalten Sie sich zunächst mit den Kindern, wie man im Gesicht sehen kann, wie sich ein Mensch fühlt. Dann üben Sie mit den Kindern bestimmte Gefühlsmimik (traurig, fröhlich, wütend usw.). Nun beginnt das Spiel. Indem Sie mit der Hand über das Gesicht streichen, zeigen Sie ein bestimmtes Gefühl, das Sie wie eine Maske tragen. Streichen Sie ein zweites Mal über Ihr Gesicht, als würden Sie die Maske abnehmen. Werfen Sie diese einem Kind zu. Dieses fängt die Maske auf und setzt sie auf sein Gesicht, drückt also das gleiche Gefühl aus. Es kann nun die „Maske abstreifen" und an ein anderes Kind weitergeben oder sich selbst eine neue Maske „aufsetzen", die es dann weitergibt. Nacheinander werfen sich die Kinder die Masken zu.

Hinweis

Bei diesem Spiel wird nicht geredet. Die Kinder müssen genau hinschauen und sich die dargestellten Masken genau einprägen.

Variation

Schreiben Sie Gefühle auf Karten. Halten Sie während des Spiels immer wieder eine andere Karte hoch, um die Mimik zu wechseln.

Reflexionen

- Wie habe ich mich mit den unterschiedlichen Masken gefühlt?
- Woran erkenne ich, wie sich ein anderes Kind fühlt?
  Kann man Gefühle auch spielen, um andere zu täuschen?

Gefühls-ABC

Material: 26 DIN-A4-Blätter je mit einem Buchstaben des ABC, Stifte, ggf. ABC-Listen

Alter: ab Kl. 3

Dauer: ca. 30 Minuten

Ziel: über eigene Gefühle nachdenken

Spielart: Selbsterfahrungsspiel, Schreibspiel

Beschreibung

Im Raum sind die Blätter verteilt, auf denen jeweils ein Buchstabe des Alphabets geschrieben ist. Die Kinder haben die Aufgabe, auf die Blätter möglichst viele Gefühlswörter (Substantive, Verben oder Adjektive) zu schreiben, die mit dem jeweiligen Buchstaben beginnen. In einer zweiten Runde erhält jedes Kind eine ABC-Liste. Es geht nochmals herum und betrachtet die Gefühlswörter. Dabei soll es die Gefühle, die es gut kennt, auf seiner Liste notieren.

Hinweise

- Begleiten Sie Kinder, die sich bei der Auswahl schwertun, beim Rundgang.
- Die ABC-Liste können die Kinder auch selbst erstellen.

Variationen

- Stellen Sie Grundschul-Wörterbücher als Hilfe zur Verfügung.
- Auf ihrer ABC-Liste notieren die Kinder positive und negative Gefühle mit unterschiedlichen Farben.
- Das ABC-Spiel ist für unterschiedliche Themen einsetzbar.

Reflexion

Welche Gefühle habe ich entdeckt, an die ich vorher gar nicht gedacht habe? Wann habe ich sie einmal erlebt? Wie habe ich mich dabei gefühlt? Welches ist mein Lieblingsgefühl, welches mag ich nicht?

Schüttelspiel

Material: –

Alter: ab Kl. 1

Dauer: ca. 5 Minuten

Ziel: Belastungen „abschütteln"

Spielart: Bewegungsspiel, Entspannungsspiel

Beschreibung

Die Kinder stellen sich im Raum so hin, dass sie bei ausgestreckten Armen weder ihre Nachbarn noch einen Gegenstand berühren. Bei dem Spiel geht es darum, alles „wegzuschütteln", was die Kinder belastet.
Sie können die Kinder mit folgenden Worten dazu anleiten: „Stelle dich zunächst ruhig hin, und konzentriere dich. Hebe deinen rechten Fuß, und schüttle ihn kräftig aus. Mache das Gleiche mit dem linken Fuß. Du fühlst, wie angenehm das ist. Schüttle jetzt nacheinander das ganze rechte und linke Bein aus."
Es folgen die Hände, die Arme und die Schultern. Am Schluss wird der ganze Körper geschüttelt. Nun können die Kinder wieder mit neuer Kraft weiterarbeiten.

Hinweis

Das Spiel eignet sich besonders dann, wenn Sie Anspannungen in der Gruppe feststellen und die Kinder unkonzentriert wirken. Es ist aber mehr als eine Körperübung, denn es geht darum, den Kopf freizubekommen.

Reflexion

Wie fühlst du dich nach der Übung? Spürst du, dass du kraftvoller weiterarbeiten kannst?

Roboter

Material: Gegenstände, die als Hindernisse auf einem Parcours verteilt werden können

Alter: ab Kl. 1

Dauer: ca. 20 Minuten

Ziel: Konzentration und Koordination

Spielart: Kooperationsspiel, Konzentrationsspiel

Beschreibung

Jeweils zwei Kinder bilden ein Team. Ein Kind spielt den Roboter, das andere versucht, ihn zu lenken. Mit jüngeren Kindern werden folgende Zeichen vereinbart:

- beide Hände auf die Schultern des Partners legen: *losgehen*
- Handschlag auf die rechte Schulter: *Drehung nach rechts*
- Handschlag auf die linke Schulter: *Drehung nach links*
- Sanfter Schlag auf die Oberarme: *Stopp!*

Ältere Kinder können sich eigene Zeichen überlegen.
Es wird vorher ein Ziel vereinbart, das alle Roboter erreichen sollen. Dabei müssen sie die vorab ausgelegten Hindernisse umgehen.

Hinweis

Bei größeren Gruppen sollten Sie ein Terrain mit ausreichend Platz wählen, z.B. Schulhof oder Turnhalle, damit kein Chaos entsteht.

Variationen

- Ein Kind steuert mehrere Roboter.
- Bei älteren Kindern können auch mehr Bewegungen vereinbart werden (z.B. für hochklettern, springen, zugreifen).
- Sie können das Spiel auch als Wettbewerbsspiel spielen, bei dem die Teams gegeneinander antreten. Dann müssen aber alle die gleichen Hindernisse bewältigen.

Sprechende Hände

Material: Symbolkarten (s. Folgeseite), etwa doppelt so viele wie Kinder

Alter: ab Kl. 3

Dauer: ca. 30 Minuten

Ziel: die Sprache der Hände bewusst machen und ausdrücken

Spielart: Selbsterfahrungsspiel, Kommunikationsspiel

Beschreibung

Symbolkarten mit Händen liegen aus, auf denen dargestellt ist, was man mit den Händen alles ausdrücken kann. Es werden mehrere Gruppen gebildet, die sich ca. vier oder fünf Karten aussuchen. Sie besprechen, wann sie selbst eine solche Handgeste einmal benutzt oder gesehen haben und was sie bedeutet. Nacheinander stellt jede Gruppe die Symbole auf ihren Karten mit den eigenen Händen vor. Dabei sollen die Hände so sprechen, dass die Mitschüler die Geste erraten können (z.B. erhobener Daumen: „Ich möchte dir sagen, dass du das gut gemacht hast. Mach weiter so!").

Hinweis

Achten Sie darauf, dass die abwertenden Handgesten (z.B. erhobener Mittelfinger), die die Kinder auch kennen, nicht ausgelassen, sondern behutsam thematisiert werden (Verletzungen, Mobbing).

Variationen

- Die Kinder fotografieren die Handsymbole und erarbeiten dazu eine Ausstellung in der Schule.
- Die Kinder erfinden eine Geschichte, die sie anschließend mit Hilfe der Hände erzählen.

Sprechende Hände

Kopiervorlage

Gemeinsam vernetzt

Material: Wollknäuel, evtl. großer Luftballon

Alter: ab Kl. 1

Dauer: ca. 45 Minuten

Ziel: Konzentration, Wir-Gefühl entwickeln

Spielart: Kommunikationsspiel, Kreativspiel

Beschreibung

Alle Kinder sitzen in einem Kreis auf Stühlen oder auf dem Boden. Sie schauen ein Kind an und werfen ihm das Wollknäuel zu. Dabei stellen Sie eine Frage, die den Einzelnen und die (Klassen)Gemeinschaft betrifft. Das Kind beantwortet die Frage und wirft das Wollknäuel weiter. Es stellt eine neue Frage, die der Empfänger beantworten soll. Nach und nach wird das Netz immer dichter.

Hinweis

Die Kinder sollten Blickkontakt aufnehmen und das Wollknäuel behutsam werfen. In der ersten Runde sollte jedes Kind einmal drankommen. Falls das Netz dann nicht dicht genug ist, folgt eine zweite Runde.

Variationen

- Am Schluss wird das Netz wieder entwirrt, indem das Wollknäuel den umgekehrten Weg zurücklegt. Dazu müssen sich alle gut merken, wer das Knäuel zugeworfen hat. Machen Sie vor Beginn des Spiels darauf aufmerksam.
- Am Ende der Übung wird ein Riesen-Luftballon in die Mitte geworfen. Er wird durch Heben und Senken des Netzes auf und ab geworfen.

Reflexion

Wie hast du dich bei dem Spiel gefühlt? Worauf musstest du besonders achten? Was sagt euer fertiges Netz über eine Gemeinschaft (Familie, Klasse, Verein, Freunde) aus?

Außenseiterspiel

Material: –

Alter: ab Kl. 3

Dauer: ca. 15 Minuten

Ziel: sich in eine Rolle einfühlen, Bedeutung von Zuwendung

Spielart: Rollenspiel

Beschreibung

Die Kinder stellen sich in mehreren Gruppen jeweils in einem Kreis auf und unterhalten sich. Ein Kind, das sich freiwillig meldet, spielt den Außenseiter und versucht, sich zu unterschiedlichen Gruppen zu stellen. Dies sollen die anderen allerdings nicht zulassen. Sie behandeln es „wie Luft" und machen den Kreis immer enger. Nacheinander werden die Außenseiterrollen getauscht.

Hinweise

- Achten Sie darauf, dass die Kinder, die die Außenseiterrollen spielen, über genügend Selbstvertrauen verfügen.
- Sie können auch mehrere „Außenseiter" zu Beginn der Übung festlegen und an die Tafel schreiben. Das Außenseiterkind kann dann jeweils den Nächsten abklatschen, wenn die Situation ihm zu unangenehm wird.
- Die Haltung der Ablehnung wird deutlich in Worten und Gesten gezeigt (Rücken zuwenden, „Hau ab!").

Reflexion

Die Kinder schreiben auf, wie sie sich in der jeweiligen Rolle gefühlt haben, und unterhalten sich in den Gruppen gemeinsam darüber:

- Wie habe ich mich als Außenseiter gefühlt?
- Wie habe ich mich als Mitglied der Gruppe gefühlt?
- Hatte der Außenseiter eine Möglichkeit, die Situation zu ändern?
- Hast du ähnliche Situationen schon einmal erlebt?

Blindenführer

Material: Augenbinden für die Hälfte der Kinder, Gegenstände als Hindernisse

Alter: ab Kl. 1

Dauer: ca. 20 Minuten

Ziel: Vertrauen zeigen und entwickeln

Spielart: Kooperationsspiel, Vertrauensspiel

Beschreibung

Suchen Sie zunächst einen großen Raum, in dem Sie einige Hindernisse aufstellen (Bänke, Stühle, Bälle etc.). Jeweils zwei Kinder bilden ein Team. Einem werden die Augen verbunden, das andere nimmt es an der Hand und führt es durch den Raum. Der Sehende übernimmt Verantwortung für den Nicht-Sehenden. Auf Hindernisse macht er aufmerksam. Nach fünf Minuten wechseln die Spieler die Rollen.

Hinweise

- Die Kinder sollen vorsichtig miteinander umgehen.
- Falls Kinder Angst vor dieser Übung haben, sollten sie nicht oder mit geschlossenen Augen daran teilnehmen oder nur führen.

Variationen

- Der Blinde wird jeweils von zwei Personen geführt.
- Auf dem Weg soll der Geführte verschiedene Gegenstände ertasten.
- Acht bis 12 Kinder bilden eng zusammenstehend einen Kreis. Ein Kind stellt sich mit verbundenen Augen in die Mitte. Es dreht sich einige Male im Kreis und bleibt stehen. Anschließend lässt es sich rückwärts fallen, um sich von den anderen auffangen zu lassen.

Reflexion

Was war leicht, was schwer? Habe ich dem Partner vertraut? In welcher Rolle fühlte ich mich wohler? Habe ich etwas über meinen Partner erfahren? Warum ist Vertrauen wichtig?

Turmbau

Material: ca. 400 Bierdeckel

Alter: ab Kl. 1

Dauer: ca. 20 Minuten

Ziel: Konzentration einüben, sich in der Gruppe abstimmen

Spielart: Kooperationsspiel, Konzentrationsspiel

Beschreibung

Es werden 4er-Gruppen gebildet. Die Aufgabe besteht darin, innerhalb von 20 Minuten gemeinsam einen möglichst hohen Turm zu bauen.

Hinweise

- Beim Einsatz des Spieles ab Kl. 3 können Sie einen Bezug zur biblischen Geschichte des Turmbaus von Babel herstellen.
- Bierdeckel in größerer Zahl erhalten Sie im Getränke- oder Großhandel. Auch Nachfragen in Gaststätten lohnt sich.

Reflexion

Wie habt ihr zusammengearbeitet? Hat euer Turm direkt gehalten, oder ist er erst einmal eingestürzt? Was war das für ein Gefühl?

Wettermassage

Material: Decken bzw. Turnmatten

Alter: ab Kl. 1

Dauer: ca. 20 Minuten

Ziel: sich auf Ruhe und Entspannung einlassen

Spielart: Entspannungsspiel

Beschreibung

Je zwei Kinder bilden ein Paar. Ein Kind legt sich auf den Bauch. Das zweite Kind kniet sich auf den Boden und massiert dessen Rücken mit beiden Händen. Dabei sollen verschiedene Wettersituationen dargestellt werden:

- Sonnenschein – Hände fest auf den Rücken legen
- Regen – mit den Fingern leicht auf den Rücken trommeln
- Nieselregen – mit den Fingern leicht auf den Rücken tippen
- starker Regen – mit den Fingern kräftiger auf den Rücken trommeln
- Gewitter – mit einem Finger in Zickzacklinien über den Rücken fahren
- Wind – mit den Händen über den Rücken streichen.

Sie sagen das Wetter an und lassen den Kindern etwa 15 Sekunden Zeit, es umzusetzen. Dabei ist es möglich, einzelne Wetterphasen öfter zu nennen. Nach einigen Minuten werden die Rollen getauscht.

Hinweise

- Besprechen Sie die einzelnen Bewegungen vorab mit den Kindern, und machen Sie alles mit Freiwilligen einmal vor.
- Die jeweiligen Partner sollten einander vertrauen. Daher ist es wichtig, die Kinder ihre Partner selbst wählen zu lassen.

Reflexionen

Die Kinder tauschen sich darüber aus, wie sie die einzelnen Wetterphasen empfunden haben.

Was ich an dir mag

Material: beschriftete Blätter (DIN A4) aus festem Material, Filzstifte, Krepp-Klebeband

Alter: ab Kl. 2

Dauer: ca. 10 Minuten

Ziel: positive Eigenschaften anderer wahrnehmen

Spielart: Selbsterfahrungsspiel, Kommunikationsspiel

Beschreibung

Alle Kinder erhalten ein Blatt mit der Aufschrift: „Was ich an dir mag!", das sie sich gegenseitig mit Klebeband auf den Rücken kleben. Anschließend gehen alle Kinder in Ruhe im Raum herum. Sie bleiben bei anderen Kindern stehen und schreiben ihnen eine Eigenschaft, die sie gerne an ihnen mögen, auf das Blatt. Nach einiger Zeit dürfen die Kinder das Blatt vom Rücken nehmen und lesen, was die anderen darauf geschrieben haben.

Hinweis

Problematisch könnte es sein, wenn einzelne Kinder nichts auf dem Blatt stehen haben. Ermutigen Sie daher die Kinder vor Spielbeginn, besonders Kindern, die sie sonst weniger beachten, ein gutes Wort zu schenken.
Befürchten Sie, dass dennoch einige Kinder gar nicht gewählt werden, können Sie vor Beginn des Spiels jedem Kind einen Zettel geben, auf dem zwei Namen stehen. Diesen Kindern soll man in jedem Fall etwas aufschreiben.

Reflexion

Welche Eigenschaften haben mich überrascht? Worüber habe ich mich am meisten gefreut?

Gassenlauf

Material: –

Alter: ab Kl. 3

Dauer: ca. 10 Minuten

Ziel: sich in eine Rolle einfühlen, Gefühle ausdrücken

Spielart: Rollenspiel, Selbsterfahrungsspiel

Beschreibung

Alle Kinder stellen sich in zwei Reihen dicht nebeneinander gegenüber. Der Abstand zwischen den Reihen sollte etwa eine Armlänge betragen. Nacheinander gehen die Kinder am Schluss der Reihe durch den Gang hindurch und stellen sich vorne wieder in die Reihe. Beim Durchgehen der Gasse werden die Kinder mit Worten beschimpft („Du bist dumm!“, Du siehst blöd aus!“, „Du stinkst ganz furchtbar!“). Die Beschimpfungen werden mit Gesten (Faust, Zeigefinger an Stirn) verstärkt. In einem zweiten Durchgang werden freundliche Dinge gesagt und entsprechend mit Gesten verstärkt („Du hast heute etwas Schönes an!“, „Du bist super!“, „Ich finde toll, wie du etwas erklären kannst!“).

Hinweise

- Berührungen und Beschimpfungen „unter der Gürtellinie“ sind nicht erlaubt.
- Evtl. führen Sie diese Aktivität ausschließlich mit Freiwilligen durch.

Reflexionen

- Wie habe ich mich in den beiden Runden in beiden Rollen gefühlt – als Kind, das durch den Gang geht, und als Kind, das schimpft oder lobt? Wie war es, beschimpft oder gelobt zu werden?
- Nennt Beispiele aus eurem Leben, in denen ihr das schon einmal erlebt habt.

Stummes Miteinander

Material: –

Alter: ab Kl. 2

Dauer: ca. 20 Minuten

Ziel: Konzentration, ohne Worte miteinander kommunizieren

Spielart: Kommunikationsspiel

Beschreibung

Die Kinder sollen, ohne miteinander zu sprechen, bestimmte Aufgaben durchführen.

- Stellt euch der Größe nach geordnet auf.
- Stellt euch in ABC-Reihenfolge nach euren Vornamen auf.
- Bildet Gruppen mit derselben Augenfarbe.
- Schließt die Augen, und versucht, einen Kreis zu bilden.

Hinweise

- Die Spiele sollten in aller Ruhe und ohne Hektik durchgeführt werden, denn es geht nicht um Schnelligkeit, sondern um das genaue Hinsehen und Aufeinander-Achtgeben.
- Dieses Spiel eignet sich auch zum **Kennenlernen** in einer neuen Gruppenzusammensetzung.

Variationen

Übungen, bei denen gesprochen werden kann:

- Stellt euch in der Reihenfolge eurer Geburtsdaten auf!
- Bildet Gruppen entsprechend eurer Lieblingstiere! Dazu könnt ihr die Tierstimmen einsetzen.

Reflexion

Wie war es, sich ohne Worte abzustimmen? Haben alle gleichermaßen zu der Aufgabe beigetragen?

Alle auf die Insel

Material: Krepp-Klebeband, DIN-A4-Blätter (Klassenstärke)

Alter: ab Kl. 1

Dauer: ca. 15 Minuten

Ziel: gemeinsam ein Problem lösen

Spielart: Kooperationsspiel

Beschreibung

Im Raum werden an einer Wand nebeneinander zwei Inselflächen von ca. 1 x 1 m abgeklebt. Rundherum liegen „Steine“ (DIN-A4-Blätter) aus, die hin- und hergeschoben werden dürfen. Die Anzahl der Steine richtet sich nach der Raumgröße. Sie sollten locker verteilt sein, aber nicht so dicht, dass der Weg mühelos bewältigt werden kann. Zwei Teams treten gegeneinander an. Zu Beginn stehen sie an der Wand, die den Inselflächen gegenüberliegt. Die Aufgabe besteht darin, dass alle Kinder ihren Weg über die einzelnen Steine auf ihre Insel finden sollen. Nacheinander vollzieht je ein Teilnehmer jeder Gruppe einen Steinsprung. Jede Gruppe hat zwei Jokersteine zur Verfügung, mit deren Hilfe zu große Abstände überbrückt werden können. Diese bringen Sie jeweils an die gewünschte Stelle. Gewonnen hat die Gruppe, die zuerst komplett auf ihrer Insel steht.

Hinweis

Als Steine eignen sich auch gut zurechtgeschnittene Teppichstücke mit gummiertem Boden.
Benutzen Sie für die Jokersteine je unterschiedlich gefärbte Blätter, damit sie nicht verwechselt werden.

Reflexion

Auf was müssen wir achten, wenn wir gemeinsam ein Problem lösen wollen? Wie sind wir miteinander umgegangen?

Bildgeschichte

Material: großes Blatt (DIN A3), Buntstifte

Alter: ab Kl. 3

Dauer: ca. 45 Minuten

Ziel: Nachdenken über Freundschaft, Visualisierung

Spielart: Kreativitätsspiel, Kooperationsspiel

Beschreibung

Es werden Gruppen mit vier Kindern gebildet. Die Kinder erfinden zunächst eine kurze Geschichte zum Thema Freundschaft (z.B.: „Wie wir Freunde wurden“, „Wie wir uns wieder vertragen haben“, „Freunde halten zusammen“). Zu der Geschichte legen sie vier Szenen fest. Jedes Kind malt eine Szene in eine Ecke des Blattes. Dabei müssen sie das gemeinsame Malen so organisieren, dass jeder zum Zug kommt. Anschließend erzählen sie den anderen Kindern ihre Geschichte mit Hilfe der Bilder.

Variationen

- Wenn der Fokus mehr auf der Geschichte und weniger auf dem gemeinsamen Abstimmen liegen soll, kann jedes Kind nach dem Festlegen der Geschichte und der Szenen seine Szene auf ein DIN-A5-Blatt malen. Alle Blätter werden nach Fertigstellung auf ein DIN-A3-Blatt geklebt.
- Sie können den Kindern auch Überschriften als Impulse auf kleinen Zetteln aufschreiben.

Reflexionen

- Was ist wichtig bei einer Freundschaft?
- Wie haben wir gemeinsam eine Idee entwickelt? Wie haben wir uns beim Malen abgestimmt?

Eine Urkunde für dich

Material: Papier (DIN A4), Bunt- oder Wachsmalstifte

Alter: ab Kl. 3

Dauer: ca. 45 Minuten

Ziel: Stärken entdecken

Spielart: Kreativspiel

Beschreibung

Menschen, die etwas Besonderes leisten, bekommen häufig eine Urkunde. Bei dieser Aktivität sollen die Kinder eine Urkunde erhalten, auf der steht, was sie besonders gut können. Dazu werden zunächst Zweiergruppen gebildet. Die Kinder interviewen sich gegenseitig, um herauszufinden, was der andere besonders gut kann. Anschließend schreiben und malen sie sich gegenseitig eine Urkunde (z.B. „Urkunde für Anne, die beste Schulhof-Streitschlichterin der Schule ..."). Auch Bilder sollten die Stärke des Kindes verdeutlichen. In einer abschließenden Phase werden die Urkunden feierlich überreicht.

Hinweise

- Die Urkunden werden im Raum aufgehängt und können immer wieder gegenseitig bewundert werden.
- Bei dieser Aktivität ist es sinnvoll, Partner auszuwählen, mit denen man sonst nicht so viel zu tun hat.

Variation

Die Kinder malen gemeinsam eine große Urkunde für die Klasse bzw. Gruppe, auf der alle Kinder mit ihren besonderen Fähigkeiten genannt werden.

Reflexion

Wie habe ich mich bei der Überreichung der Urkunde gefühlt?

Dubletten

Material: –

Alter: ab Kl. 1

Dauer: ca. 20 Minuten

Ziel: Gemeinsamkeiten aneinander erkennen

Spielart: Kommunikationsspiel, Selbsterfahrungsspiel

Beschreibung

Alle Kinder gehen im Raum herum. Sie fordern die Kinder auf, jeweils andere Kinder zu finden, mit denen sie etwas Gemeinsames verbindet, z.B.: Schuhgröße, Haarfarbe, Hobby, Lieblingsserie, Lieblingsfarbe, Geburtsmonat, Augenfarbe, Musiktitel ...
Jedes Kind sucht sich nun einen Partner aus. Die Paare unterhalten sich kurz über ihre Gemeinsamkeiten und gehen anschließend wieder ruhig im Raum herum. Es folgt die Suche nach der nächsten Gemeinsamkeit.

Hinweis

Bei diesem Spiel geht es vor allem darum, dass sich die Kinder gegenseitig besser kennenlernen und auf Grund der gefundenen Gemeinsamkeiten vielleicht sogar Freundschaften entstehen können. Daher ist das Spiel gut bei einer **neuen Gruppenzusammensetzung** geeignet.

Variation

Es finden sich immer mehrere Kinder mit Gemeinsamkeiten zusammen. Dabei kann die Zahl festgelegt werden.

Reflexion

Was habe ich über andere Kinder erfahren, was ich vorher noch nicht wusste? Haben die festgestellten Gemeinsamkeiten eine Auswirkung auf uns?

Standpunkte

Material: –

Alter: ab Kl. 3

Dauer: ca. 20 Minuten

Ziel: seinen Standpunkt finden und ausdrücken, über Freundschaft und Wahrheit nachdenken

Spielart: Kommunikationsspiel

Beschreibung

Stellen Sie zum Thema „Freundschaft" zwei unterschiedliche Standpunkte vor:

- Freunden muss man immer die Wahrheit sagen.
- Wenn man einem Freund nicht wehtun will, muss man manchmal auch lügen.

Erläutern Sie kurz die Standpunkte an einem Beispiel, etwa so: „Lena hat sich mit Laura zum Spielen verabredet. Später bekommt sie von Aline eine Einladung, mit ihr und ihren Eltern einen Ausflug zu machen. Darauf hat sie noch mehr Lust und sagt zu. Laura möchte sie absagen. Sie könnte ihr ehrlich sagen, dass sie mehr Lust auf den Ausflug hatte. Damit Laura nicht traurig ist, könnte sie auch eine Ausrede erfinden."

Befestigen Sie an zwei Ecken des Raums die Standpunkte auf zwei Plakaten. Die Kinder sollen sich jeweils in der Ecke zusammenfinden, die ihren Standpunkt vertritt. Die Gruppen unterhalten sich über ihre Meinung und suchen weitere Beispiele. Jede Gruppe sucht einen Sprecher aus, der den anderen den Standpunkt der Gruppe erläutert.

Reflexionen

- Was bedeutet für mich Freundschaft? Was erwarte ich von einem guten Freund? Was kann er von mir erwarten?
- Gibt es Situationen, in denen ich eine Lüge erzählen darf?

Bildersprache

Material: Fotokartei (s.u.)

Alter: ab Kl. 1

Dauer: ca. 20 Minuten

Ziel: die Sprache der Bilder entschlüsseln, Themeneinstieg

Spielart: Kommunikationsspiel

Beschreibung

Legen Sie im Raum zum jeweiligen Thema passende Bilder aus, auf denen z.B. Menschen in verschiedenen Situationen und Stimmungen abgebildet sind (in der Schule, Freizeit, traurig, fröhlich etc.). Die Kinder gehen in Ruhe von Bild zu Bild und suchen sich eines aus, das sie anspricht. Anschließend erläutert jedes Kind, was auf seinem Bild zu sehen ist und was es für das Kind bedeutet.

Hinweis

Eine Fotokartei können Sie selbst anlegen, indem Sie aus Zeitschriften und Zeitungen Bilder ausschneiden, aufkleben und in eine Prospekthülle legen. Sie können die Bilder dann gezielt zu einem Thema auswählen. Auch das Internet bietet Bildmaterial. Die Arbeit mit Bildern eignet sich gut als Einstieg in **Themen wie Psalmen, Symbole, Beten.**

Variation

- Die Kinder malen selbst Bilder, die ausgelegt werden.
- In einer kleineren Gruppe können Sie die Bilder in der Mitte auslegen. Die Kinder wählen ein Bild aus, ohne es zu nennen. Nun wird geraten und vermutet, wer welches Bild ausgewählt hat.

Reflexion

Bei einem Gespräch im Anschluss an die Vorstellung der Bilder können Sie neben dem Lenken auf die thematischen Aspekte ggf. auch herausarbeiten, was die Bilder über die Menschen aussagen.

Unsere Regeln

Material: vorbereitete Satzkarten (s.u.), Stifte, Plakat (mind. DIN A2)

Alter: ab Kl. 1

Dauer: ca. 30 Minuten

Ziel: gemeinsam Regeln für eine gute Gemeinschaft erstellen

Spielart: Kommunikationsspiel

Beschreibung

Die Kinder sollen gemeinsam Regeln erstellen, an die sich alle halten sollen. Dazu werden zunächst fünf Gruppen gebildet. Jede Gruppe erhält drei Karten, jeweils mit dem Satzanfang: „Damit wir gemeinsam gut lernen können, ...". Jede Gruppe formuliert drei Regeln auf den Karten (z.B.: „... reden wir freundlich miteinander", „... helfen wir uns gegenseitig", „... streiten wir uns nicht"). Die Karten werden an eine Pinnwand geheftet. Jedes Kind erhält fünf Klebepunkte, die es auf den Karten verteilen kann, dessen Regeln es für am wichtigsten hält. Die acht meistgenannten Regeln werden groß auf ein Plakat geschrieben. Jedes Kind unterschreibt diese Regeln. Alle Kinder achten in Zukunft darauf, dass die Regeln eingehalten werden.

Hinweise

- Es ist nicht sinnvoll, ein Bestrafungssystem zu entwickeln. Die Kinder sollen vielmehr den Sinn der Regeln verstehen und ermuntert werden, sie einzuhalten.
- Erläutern Sie den Kindern, welche Bedeutung eine Unterschrift hat.

Reflexionen

- Warum brauchen wir Regeln?
- Wie wollen wir gemeinsam darauf achten, dass sich alle daran halten?

Briefkasten

Material: Briefkasten (aus Karton), Briefumschläge, Schreibpapier

Alter: ab Kl. 2

Dauer: ca. 10 Minuten

Ziel: Lob ausdrücken, eine Freude bereiten

Spielart: Kommunikationsspiel

Beschreibung

Im Raum stehen ein Briefkasten sowie Schreibpapier und Umschläge bereit. Die Kinder können anderen Kindern oder auch dem Lehrer einen Brief schreiben und ihn in den Briefkasten werfen. Die Grundregel besteht darin, dass die Briefe dem Empfänger eine Freude bereiten sollen. Dazu können sich die Schreiber für etwas bedanken oder ein Lob aussprechen. In regelmäßigen Abständen wird der Briefkasten geöffnet, und die Briefe werden an die Empfänger verteilt.

Hinweise

- Der Briefkasten kann zu einem Ritual werden, auf das sich die Kinder freuen.
- Sie können als Lehrer natürlich auch Briefe an die Kinder schreiben.

Variation

Der Briefkasten kann unterschiedliche Funktionen haben (**Kummerkasten, Ideen- oder Lobkiste**).

Reflexion

Im Rhythmus von etwa drei Monaten sprechen die Kinder darüber, welche Post sie erhalten und über was sie sich besonders gefreut haben.

Balance

Material: –

Alter: ab Kl. 3

Dauer: ca. 10 Minuten

Ziel: erkennen, wie wichtig gegenseitige Unterstützung ist

Spielart: Bewegungsspiel, Selbsterfahrungsspiel

Beschreibung

Zwei Kinder bilden jeweils ein Paar. Auf Ihre Anweisung hin sollen sie gemeinsam bestimmte Körperhaltungen einnehmen. Dabei sollen sie gemeinsam das Gleichgewicht halten.

- Stellt euch ganz nah gegenüber. Gebt euch die Hände, und lasst euch langsam zurückfallen.
- Stellt euch zunächst einzeln auf ein Bein. Wenn einer von euch umzufallen droht, hält der andere ihn fest.

Hinweis

Die körperliche Übung soll dazu dienen, den Kindern zu verdeutlichen, wie wichtig es ist, im Leben das Gleichgewicht zu halten. Und das können wir am besten, wenn andere Menschen uns festhalten.

Reflexion

Welches Gefühl war es für dich, von dem anderen Kind festgehalten zu werden, um nicht umzufallen? Wie können sich Menschen gegenseitig im Leben festhalten?

Aufstehen

Material: ggf. Turnmatten

Alter: ab Kl. 1

Dauer: ca. 5 Minuten

Ziel: Gemeinschaftsgefühl fördern

Spielart: Kooperationsspiel

Beschreibung

Spielen Sie „Aufstehen" auf einem ungefährlichen Untergrund, und legen Sie ggf. Turnmatten aus. Zwei Kinder stellen sich mit dem Rücken zueinander. Sie verschränken kreuzweise ihre Arme ineinander. Die Aufgabe besteht darin, sich gemeinsam hinzusetzen und wieder aufzustehen, ohne einander loszulassen.

Hinweis

Achten Sie darauf, dass sich die Kinder nicht verletzen.

Variationen

- Nacheinander werden auch 3er- und 4er-Gruppen gebildet, die die Aufstehübung gemeinsam bewältigen.
- Es treten zwei große Gruppen gegeneinander an. Nacheinander bilden immer mehr Kinder eine Aufstehgruppe. Welche Gruppe bildet in zehn Minuten die größten Aufstehteams?

Reflexion

Worauf mussten wir achten, um gemeinsam das Ziel zu erreichen?

Jeder ist anders

Material: Liedblatt (s. Folgeseite)

Alter: Kl. 1/2

Dauer: ca. 45 Minuten

Ziel: Körperwahrnehmung

Spielart: Fingerspiel

Beschreibung

Üben Sie mit den Kindern das Fingerspiel-Lied ein, indem Sie zunächst den Refrain singen und dazu die Finger tanzen lassen. Schritt für Schritt werden anschließend die Strophen besprochen, gesungen und die einzelnen Finger bewegt.

Hinweis

Nur vordergründig geht es in diesem Lied um die Finger. Es bietet eine gute Hinführung, um mit den Kindern über die Verschiedenartigkeit der Menschen zu sprechen: Jeder ist einzigartig, hat bestimmte Stärken und Schwächen. Doch zusammen können Menschen stark sein und wie die Finger einer Hand zusammenarbeiten.

Variation

Die Kinder verändern den Text und dichten zu jedem Kind eine Strophe, z.B.: „Alle Kinder hoch in die Höh'. ... Da ist die Jenny, ein nettes Kind. Sie zeigt allen: Du bist okay".

Reflexionen

- Was kann ich alles mit meinen Fingern machen? Was können sie alleine und was zusammen mit anderen Fingern?
- Hat das Lied von den Fingern auch etwas mit Menschen zu tun?

Alle Finger hoch in die Höh'

Text und Musik: Arthur Thömmes

2. Da ist der Zeigefinger, ein netter Kerl.
Er zeigt den andern den richt'gen Weg.
Zeigt mal her, wie er sich bewegt.

3. Da ist der Mittelfinger, ein frecher Kerl.
Er ist am längsten und mittendrin.
Zeigt mal her, wie er sich bewegt.

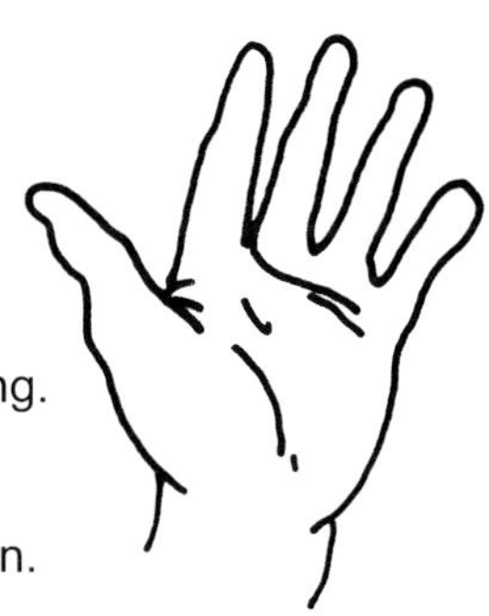

4. Da ist der Ringfinger, ein lieber Kerl.
Er steht für Freundschaft und trägt den Ring.
Zeigt mal her, wie er sich bewegt.

5. Da ist der kleine Finger, seht ihn euch an.
Er ist stets fröhlich und tanzt herum.
Zeigt mal her, wie er sich bewegt.

Gute-Taten-Wichteln

Material: Namenszettel

Alter: ab Kl. 2

Dauer: ca. 1 Woche

Ziel: anderen Kindern eine Freude bereiten

Spielart: Aktionsspiel

Beschreibung

Die Kinder erhalten jeweils einen Zettel, auf den sie ihren Namen schreiben. Die Zettel werden gefaltet, in einen Behälter gelegt und gemischt. Jedes Kind zieht sich nun einen Namenszettel, den es den anderen nicht zeigen darf. Zieht es den eigenen Namen, kann es nochmals neu ziehen. Die Aufgabe besteht darin, dem gezogenen Kind während einer festgelegten Woche lang jeden Tag eine Freude zu bereiten und Gutes zu tun. Das können ganz kleine Dinge sein: etwas Heruntergefallenes aufheben, die Malutensilien bereitlegen, einen lieben Gruß auf einen Zettel schreiben. Dabei muss der Wohltäter natürlich geheim bleiben.

Hinweis

Da in dieser Woche alle Kinder ihren Wichteln eine Freude bereiten, ist es gar nicht so schwierig, die Aktionen geheim zu halten.

Reflexion

Wie fühle ich mich dabei, einem anderen Kind eine Freude zu bereiten, ohne dass es weiß, wer es war? Was hast du dabei beobachtet? Habe ich erlebt, dass ein anderes Kind besonders freundlich zu mir war?

Domino

Material: vorbereitete Frage- und Antwortkarten (s.u.)

Alter: ab Kl. 3

Dauer: ca. 20 Minuten

Ziel: Lerninhalte wiederholen

Spielart: Lernspiel

Beschreibung

Bereiten Sie vorab die Karten vor: In der rechten Hälfte steht jeweils eine Frage, auf der linken Hälfte einer anderen Karte die Antwort. Es werden 3er-Gruppen gebildet. Jede Gruppe erhält einen Satz Spielkarten. Die Karten werden offen auf dem Tisch verteilt. Das erste Kind zieht eine Karte und legt sie hin. Das zweite Kind muss nun die Karte mit der passenden Antwort finden und legt sie an die erste Karte an. Wenn alle Karten angelegt sind, ist das Spiel beendet.

Hinweis

Die Domino-Frage-Antwort-Karten können Sie am Computer einfach herstellen. Legen Sie dazu eine zweispaltige Tabelle an. Rechts stehen die Fragen und links die Antworten. Dabei müssen die Fragen und die dazugehörigen Antworten um eine Reihe versetzt sein. Drucken Sie die Fragen in der Anzahl der Gruppen aus, und schneiden Sie die Karten aus.

Variation

Die Karten werden verdeckt auf dem Tisch verteilt. Die Kinder ziehen nacheinander eine Karte und legen sie wieder zurück, wenn die richtige Antwort nicht darauf steht. Wer findet die meisten Antwortkarten? Das Spiel dauert in dieser Form natürlich etwas länger.

Buchstabenquiz

Material: Buchstabenblätter in DIN-A4-Größe
(Alphabet + 5 Blätter mit Fragezeichen)

Alter: ab Kl. 3

Dauer: ca. 30 Minuten

Ziel: spielerische Wiederholung von Lerninhalten

Spielart: Wissensspiel, Motivationsspiel

Beschreibung

Verteilen Sie an die Kinder alle Blätter, auf denen jeweils ein Buchstabe des Alphabets abgebildet ist. Zusätzlich gibt es die fünf Jokerblätter mit dem Fragezeichen, die für einen beliebigen Buchstaben stehen können. Sie stellen eine Frage, z.B. zu einer biblischen Geschichte.
Die Kinder haben eine Minute Zeit, sich zusammenzufinden und mit ihren Buchstaben das gesuchte Wort zu bilden. Dabei kann ein Joker für jeden Buchstaben eingesetzt werden. Während des Spiels darf nicht gesprochen werden. Wenn sich eine Wortgruppe gefunden hat, halten die Kinder ihre Blätter hoch. Es folgt die nächste Fragerunde.

Hinweis

Bei einer größeren Lerngruppe können die Buchstaben mehrfach ausgedruckt werden. Bei einer kleineren Gruppe erhält jeder Schüler mehrere Buchstaben.

Variation

Mehrere Gruppen spielen gegeneinander.

Reflexion

Was war bei diesem Spiel am schwierigsten? Was war leicht?
Wie haben wir zusammengespielt? Was habe ich gelernt?

Wortsalat

Material: Frage- und Antwortkarten

Alter: ab Kl. 2

Dauer: ca. 30 Minuten

Ziel: Wiederholung, Vertiefung

Spielart: Wissensspiel, Kreativspiel

Beschreibung

Es werden mehrere Spielgruppen gebildet. Jedes Team erhält ca. fünf Fragen auf einzelnen Karten. Einzelne Fragen können sich dabei auch überschneiden. Auf dem Boden sind alle Antwortmöglichkeiten auf alle Fragen in Multiple-choice-Form ausgebreitet. Auf den verschiedenen Antwortkarten ist nur jeweils eine Antwort richtig. Die Kinder machen sich auf die Suche nach den richtigen Antworten auf ihre Fragen. Die als richtig vermutete Antwort notieren die Kinder auf der Fragekarte. Fragen und Antworten werden an eine Pinnwand geheftet. Die Gruppen besprechen ihre Antworten.

Hinweis

Mit Hilfe dieses Spiels können unterschiedliche Themen wiederholt und gefestigt werden. Eine ganz konkrete Quizvorlage, die Sie in dieser Form aufbereiten können, finden Sie auf S. 73/74 („Jesus-Quiz").

Reflexion

Was habe ich bei dem Spiel gelernt?
Welche Frage war für mich schwer bzw. leicht zu beantworten?
Wie haben wir in der Gruppe die Lösungen besprochen?

A, B, C oder D – Jesus-Quiz

Material: Quizfragen (s. Folgeseite), Kreide oder Kreppband, CD-Player, Musik

Alter: ab Kl. 4

Dauer: ca. 30 Minuten

Ziel: Wiederholung und Vertiefung von Sachwissen

Spielart: Wissensspiel

Beschreibung

Markieren Sie mit Kreide oder Kreppband auf dem Boden vier Felder mit den Buchstaben A, B, C und D. Es werden drei bis vier Mannschaften gebildet. Die erste Mannschaft beginnt. Lesen Sie langsam und deutlich die Frage und die vier Antwortmöglichkeiten mit Nennung des Buchstabens vor.
Spielen Sie Musik, während die Kinder zwischen den Feldern hin- und herhüpfen, ohne sich über die Lösung zu unterhalten. Beim plötzlichen Ende der Musik müssen sie auf das Antwortfeld springen, das sie für richtig halten. Für jedes Kind, das auf dem richtigen Feld steht, erhält die Gruppe jeweils einen Punkt. Es folgt die nächste Spielgruppe.

Hinweise

- Es empfiehlt sich, sehr rhythmische Musik auszuwählen, damit sich die Kinder schnell bewegen können.
- Sie können die Entscheidungsphase beim Ende der Musik mit einem lauten „Stopp!" signalisieren. Dann haben alle nur noch einen Sprung zur richtigen Lösung.
- Das Spiel lässt sich auf unterschiedliche Themenbereiche anpassen.

A, B, C oder D – Jesus-Quiz

Wann feiern wir die Geburt Jesu?
a) 17.05.
b) 21.09.
c) 16.11.
d) 25.12.

Wo wurde Jesus geboren?
a) London
b) Damaskus
c) Jerusalem
d) Betlehem

Welcher ist keiner der drei Könige?
a) Kaspar
b) Zachäus
c) Melchior
d) Balthasar

Wie hießen Jesu Mutter und Ziehvater?
a) Karl und Anna
b) Maria und Norbert
c) Maria und Josef
d) Elisabeth und Petrus

Wo musste Maria Jesus zur Welt bringen?
a) in einer Herberge
b) auf einem Berg
c) in einem Hotel
d) in einem Stall

Was war Jesus von Beruf?
a) Fischer
b) Arzt
c) Zimmermann
d) Schriftgelehrter

Wo wuchs Jesus auf?
a) Amsterdam
b) Nazareth
c) Betlehem
d) Kairo

Wie viele Tage verbrachte Jesus in der Wüste?
a) 5 Tage
b) 2 Wochen
c) 40 Tage
d) 60 Tage

Wie viele Apostel waren bei Jesus?
a) 12
b) 13
c) 10
d) 21

Wie hieß der Zöllner, den Jesus vom Baum herunterrief?
a) Johannes
b) Zacharias
c) Zachäus
d) Jakobus

Wie hieß der Blinde, den Jesus heilte?
a) Zachäus
b) Timotheus
c) Bartimäus
d) Johannes

A, B, C oder D – Jesus-Quiz

Was riefen die Menschen, als Jesus in Jerusalem einzog?
a) Er lebe hoch!
b) Hosanna!
c) Sei willkommen!
d) Halleluja!

Auf welchem Tier zog Jesus am Palmsonntag in Jerusalem ein?
a) Pferd
b) Elefant
c) Esel
d) Zebra

Was teilte Jesus mit seinen Jüngern beim Abendmahl?
a) Brot
b) Kekse
c) Fisch
d) Obst

Wer hat Jesus an die Hohepriester verraten?
a) Petrus
b) Johannes
c) Nero
d) Judas

Was passierte an Ostern?
a) Jesus ist auferstanden.
b) Jesus wurde aus der Stadt gejagt.
c) Jesus wurde eingesperrt.
d) Jesus wurde gekreuzigt.

Wer war kein Evangelist?
a) Markus
b) Matthäus
c) Andreas
d) Johannes

Perspektivenwechsel

Material: ggf. Kinder-Bibel

Alter: ab Kl. 3

Dauer: ca. 45 Minuten

Ziel: sich in Menschen aus biblischen Geschichten hineinversetzen

Spielart: Rollenspiel, Kommunikationsspiel

Beschreibung

Lassen Sie zunächst die Kinder eine biblische Geschichte nacherzählen. Anschließend werden so viele Gruppen gebildet, wie Personen (oder Parteien) in der Geschichte vorkommen. Jede Gruppe soll die biblische Geschichte neu aus der Sicht einer der Personen erzählen.

Beispiel für das Gleichnis vom barmherzigen Samariter:

- Der Überfallene („Ich war auf dem Weg von Jerusalem nach Jericho. Da sprangen plötzlich einige Räuber aus dem Gebüsch. Ich konnte nicht mehr fliehen. Sie schlugen mich ...")
- Räuber
- Priester
- Levit
- Samariter
- Wirt

Die einzelnen Gruppen schreiben ihre Geschichten auf und erzählen sie sich gegenseitig oder lesen sie sich vor.

Hinweis

Die Aktivität kann eingesetzt werden, nachdem Sie mit den Kindern eine biblische Geschichte gelesen und die Situation besprochen haben. Geeignete biblische Geschichten sind z.B.: der Konflikt zwischen Jakob und Esau, die Aussetzung Mose oder das Gleichnis vom verlorenen Sohn.

Reflexion

Wen verstehe ich jetzt besser als vorher?

Rätselgitter

Material: Arbeitsblatt (s. Folgeseite), in Klassenstärke kopiert

Alter: ab Kl. 3

Dauer: ca. 20 Minuten

Ziel: Wiederholung, Konzentration

Spielart: Wissensspiel

Beschreibung

Jedes Kind erhält das Arbeitsblatt mit den Kästchen und überlegt sich sechs zentrale Begriffe zu dem zuletzt behandelten Thema. Es erstellt selbst ein Rätsel, indem es die Wörter von links nach rechts oder von oben nach unten in das Rätselgitter einträgt. Die restlichen Kästchen füllt es mit zufällig gewählten Buchstaben. Jedes Kind schreibt seinen Namen auf das Blatt und notiert sich separat die eingetragenen Wörter. Die Arbeitsblätter werden anschließend untereinander ausgetauscht. Die gefundenen Wörter werden mit einem Textmarker markiert. Wer findet sie zuerst? Die Kinder gehen mit dem ausgefüllten Blatt zu dem Urheber und vergleichen die Lösungen.

Variationen

- Die Anzahl der Wörter wird vorher nicht bekanntgegeben.
- Auch Wörter, die nicht zum Thema gehören, sind eingebaut.
- Der Lehrer selbst bereitet das Rätselgitter für alle vor.

Rätselgitter

Name: ____

Zahlenrätsel

Material: Arbeitsblatt (s. Folgeseite)

Alter: ab Kl. 2

Dauer: ca. 30 Minuten

Ziel: spielerische Wiederholung

Spielart: Rätsel

Beschreibung

Die Kinder erhalten das Arbeitsblatt, hier beispielhaft ein Rätsel zum Thema **Weihnachten**. Zunächst ordnen sie den Buchstaben des Alphabets die Zahlen zu. Anschließend lösen sie die Rätselfragen. Die Zahlen dienen dabei als Kontrolle und Lösungshilfe.

Hinweis

Das Zahlenrätsel ist zu **fast allen Themen** einsetzbar und eignet sich gut zur Vertiefung und Wiederholung.

Variationen

- Im Anschluss an das Übungsblatt erstellen die Kinder selbst ein Rätsel, indem sie sich auf einem Entwurfblatt Fragen zum aktuellen Thema überlegen und den Lösungsbuchstaben die entsprechenden Zahlen zuordnen. Fragen und Zahlen übertragen sie dann auf ein Blatt. Anschließend werden die Blätter ausgetauscht und die Lösungen gesucht.
- Die Reihenfolge der Buchstaben wird zufällig gewählt. Anhand der bereits beantworteten Fragen müssen sich die Kinder dann die Zahlen-Buchstaben-Zuordnung erschließen.

Zahlenrätsel

Kopiervorlage

Wie heißen die Wochen vor dem Weihnachtsfest?

___	___	___	___	___	___
1	4	22	5	14	20

Wer besuchte das Jesuskind zuerst?

___	___	___	___	___	___
8	9	18	20	5	14

Wohin legte Maria das neugeborene Kind?

___	___	___	___	___	___
11	18	9	16	16	5

Welchen Baum stellen Christen an Weihnachten in die Zimmer?

___	___	___	___	___	___	___	___	___	___
20	1	14	14	5	14	2	1	21	13

Lösungsschlüssel:

A	1	H		O		V	
B	2	I		P		W	
C	3	J		Q		X	
D		K		R		Y	
E		L		S		Z	
F		M		T			
G		N		U			

Geheimschrift

Material: vorbereitete Arbeitsblätter, Stifte

Alter: ab Kl. 3

Dauer: ca. 45 Minuten

Ziel: Wissen vertiefen, Wiederholung, ggf. Erarbeitung

Spielart: Rätsel

Beschreibung

Sie bereiten ein Arbeitsblatt vor, auf dem eine zentrale Aussage zum aktuellen Thema in „Geheimschrift" steht, s. Beispiel zum Thema Zachäus unten. Die Kinder erhalten das Arbeitsblatt und sollen versuchen, den Text zu entziffern. Wer findet zuerst die Lösung? Anschließend erfinden die Kinder in Kleingruppen eigene Geheimschriften. Sie entwerfen dazu Arbeitsblätter, die anschließend ausgetauscht werden. Wer die Lösung findet, liest den Text vor und erläutert die Geheimschrift.

Hinweise

- Der Beispieltext unten kann gelesen werden, wenn man sich die Ts zwischen den Buchstaben wegdenkt. Zwischen Wörtern stehen zwei Es.
- Mit dem Spiel lassen sich auch längere Texte kreativ erarbeiten. Allerdings sollten die Kinder sicher lesen und schreiben können.

ZTATCTHTÄTUTSEEKTOTMTMEESTCTHTNTETLTLEEVTOTMEEB
TATUTMEEHTETRTUTNTTTETREEITCTHEEWTITLTLEEHTETUT
TEEEDTETITNEEGTATSTTEESTETITNT

Bibel-Puzzle-Bild

Material: vorbereitete „Puzzleteile" in Klassenstärke (s.u.), Buntstifte, farbiges Tonpapier (DIN A3)

Alter: ab Kl. 1

Dauer: ca. 45 Minuten

Ziel: biblische Texte bildhaft erschließen

Spielart: Zeichenspiel

Beschreibung

Zerschneiden Sie vorab DIN-A4-Blätter in so viele „Puzzleteile" wie die biblische Geschichte, die Sie erzählen möchten, Szenen hat. Die Gruppengröße richtet sich ebenfalls nach der Anzahl der vorkommenden Szenen. Bereiten Sie so viele Blätter vor, wie es Gruppen gibt.
Nachdem eine biblische Geschichte gelesen und besprochen wurde, malen die Kinder einzelne Szenen der Geschichte auf ihr Puzzleteil. Danach tauschen jeweils zwei Gruppen untereinander ihre Puzzleteile aus. Jede Gruppe versucht dann, die Teile der anderen in die richtige Reihenfolge zu bringen. Die ursprünglichen Maler kontrollieren. Die Teile werden anschließend gemeinsam zu großen Puzzlebildern zusammengefügt und auf farbiges Tonpapier aufgeklebt.

Hinweis

Das Versiegeln der Oberfläche mit Sprühlack gibt dem Kunstwerk einen besonderen Glanz.

Variation

Zum Abschluss einer umfangreicheren Unterrichtsreihe können Sie mit der ganzen Gruppe ein gemeinsames Puzzle gestalten.

Reflexion

Welche Szenen erkennst du wieder? Wie sind sie dargestellt?
Was wollte der Künstler damit ausdrücken?

Psalm-Sonne – Psalm-Stein

Material: 2 Kreise aus gelbem und grauem Tonpapier, Psalmverse auf Textstreifen in der Anzahl der Kinder, Stifte

Alter: ab Kl. 3

Dauer: ca. 25 Minuten

Ziel: biblische Texte bildhaft erschließen, Themeneinstieg

Spielart: darstellendes Spiel

Beschreibung

Bilden Sie einen Sitzkreis auf dem Boden. Legen Sie die Kreise aus Tonpapier als Sonne und Stein auf den Boden, ebenso wie die Psalmverse. Die Kinder wählen nun einen Streifen aus und überlegen, wie sie die Aussage mit Gesten oder ihrem Körper darstellen können. Nach und nach lesen die Kinder ihre Texte vor, unterstützen die Aussage mit ihrer Darstellung und legen die Streifen zum passenden Symbol. Die lobenden, freudigen Texte können sie wie Strahlen um die Sonne legen.
Die Klagetexte können unter den Stein gelegt werden.
Bei Verständnisschwierigkeiten überlegt die Gruppe gemeinsam, was der Text bedeuten könnte.

Hinweis

Wählen Sie die Verse so aus, dass Lob- und Klageverse gleichermaßen vertreten sind und dass sich die Aussagen darstellen lassen.

Reflexion

Zu wem sprechen die Texte?
Welcher Satz passt heute am besten zu dir?

Kreuzworträtsel

Material: 2 karierte Blätter (große Kästchen) pro Kind, Zettel, Stifte

Alter: ab Kl. 3

Dauer: ca. 45 Min.

Ziel: Wiederholung, Vertiefung, Themeneinstieg

Spielart: Wissensspiel

Beschreibung

Erläutern Sie zunächst den Kindern das Prinzip an einem Beispiel: Notieren Sie senkrecht einen Schlüsselbegriff aus dem gewählten Thema. Waagerecht werden anschließend Wörter notiert, die zum senkrechten Themengebiet gehören. Darin muss ein Buchstabe vorkommen, der auch im Schlüsselwort steht (s. Beispiel). Wenn alle Wörter notiert sind, werden Erläuterungen für die waagerechten Begriffe gesucht. Nun werden der senkrechte Schlüsselbegriff, das Kästchenraster und die Erläuterungen auf einem Rätselblatt notiert. Die Lösungsbegriffe werden auf einen gesonderten Zettel geschrieben. Anschließend verfasst jedes Kind ein eigenes Kreuzworträtsel. Diese tauschen sie anschließend untereinander aus.

Variation

Fertigen Sie zum Einstieg in ein Thema mehrere Arbeitsblätter mit Schlüsselbegriffen, die in Gruppen mit themenbezogenen Wörtern gefüllt werden. Eine kreative Brainstormingmethode!

Beispiel:

				B					
	C	H	R	I	S	T	E	N	
				B					
			J	E	S	U	S		
				L					

Montagsmaler

Material: ausgewählte Begriffe auf Karten, Overhead-Projektor, Folie, Stift

Alter: ab Kl. 3

Dauer: ca. 30 Minuten

Ziel: Wiederholung, Vertiefung

Spielart: Kreativspiel, Wissensspiel

Beschreibung

Sammeln Sie zunächst für sich auf Karten einige Begriffe, die in der letzten Zeit besprochen wurden und die sich gut zeichnen lassen. Es werden zwei Teams gebildet. Abwechselnd wählt jede Gruppe ein Kind, das zeichnen darf. Zeigen Sie dem ersten Zeichner einen Begriff, den er möglichst schnell zeichnen soll. Seine Gruppe muss den Begriff erraten. Innerhalb von zwei Minuten sollen möglichst viele Begriffe gezeichnet und erraten werden. Der Zeichner darf einmal in einer Runde einen neuen Begriff anfordern, wenn er sieht, dass er zu schwer für die Gruppe ist. Für jeden erratenen Begriff erhält die Gruppe einen Punkt. Es folgt die zweite Gruppe. Wer am Schluss die meisten Punkte gesammelt hat, gewinnt das Spiel.

Hinweise

- Es wird vorher festgelegt, wie viele Runden gespielt werden.
- Das Spiel kann erschwert werden, wenn Begriffe vorgegeben werden, die aus zwei Wörtern bestehen.

Variationen

- Die beiden Spielgruppen denken sich Begriffe für die andere Gruppe aus.
- Die Begriffe werden pantomimisch dargestellt.

Schöpfungswortketten

Material: Zettel, Stifte

Alter: ab Kl. 3

Dauer: ca. 15 Minuten

Ziel: Themeneinstieg, Brainstorming

Spielart: Kreativspiel

Beschreibung

Das Wortkettenspiel beginnt mit dem Wort „Schöpfung“. Das folgende Wort der Kette beginnt mit dem Buchstaben, mit dem das letzte aufgehört hat, also G. Es könnte „Gott“ lauten. Die Kinder suchen nun reihum nach Begriffen, die ihnen zum Thema Schöpfung einfallen und mit denen sie die Kette fortsetzen können. Wenn einem Kind nichts einfällt, ist das nächste dran. Die Wörter werden auf Zettel geschrieben und an eine Wand hintereinandergeheftet. Das Spiel dauert so lange, bis den Kindern kein Wort mehr einfällt.

Hinweis

Das Wortkettenspiel eignet sich für **jedes beliebige Thema** als Ideenfindungsmethode oder zum Einstieg.

Reflexion

Was sagen uns die Wörter über die Schöpfung aus?

Messequiz

Material: Quizkarten (s. Folgeseite), ggf. Lösungsblatt

Alter: ab Kl. 3

Dauer: ca. 25 Min.

Ziel: den Ablauf der katholischen Messe und äußere Haltungen kennenlernen/wiederholen

Spielart: Quizspiel

Beschreibung

In einem Quiz sollen die Kinder den richtigen Ablauf der Messe mit den äußeren Haltungen legen. Dazu werden mehrere Gruppen gebildet. Jede Gruppe erhält einen Kartensatz mit den einzelnen Begriffen (Arbeitsblatt an den gestrichelten Linien zerschneiden und mischen). Die Kinder legen in den Gruppen die Karten in die richtige Reihenfolge. Wenn alle Gruppen fertig sind, werden die Ergebnisse vorgestellt und ggf. korrigiert. Zur Kontrolle können die Kinder die Seite mit der richtigen Lösung erhalten.

Hinweis

Da viele Kinder selten bis nie einen Gottesdienst besuchen, wird wahrscheinlich viel geraten. Daher sollten sie sich den Ablauf einprägen, um dann gemeinsam einen Gottesdienst zu besuchen. Ggf. können Sie die Kinder auch vorab beim Besuch eines Schulgottesdienstes darauf hinweisen, besonders auf den Ablauf zu achten.

Variationen

- Für Fortgeschrittene trennen Sie die Teile mit den äußeren Haltungen ab, sodass sie ebenfalls zugeordnet werden müssen.
- Als zusätzliche Ergänzung können Sie einzelne Gebetstexte kopieren, die ebenfalls zugeordnet werden sollen.
- Die einzelnen Teile der Messe werden auf Karten notiert und verteilt. Dann sollen sich alle in der richtigen Reihenfolge aufstellen.

Eröffnung	stehen	Präfation	stehen
Buße/Kyrie	stehen	Sanctus	stehen
Gloria	stehen	Hochgebet	knien
Tagesgebet	stehen	Vaterunser	stehen
Lesung	sitzen	Friedensgruß	stehen
Evangelium	stehen	Agnus Dei	stehen
Predigt	sitzen	Kommunion	knien, gehen, sitzen
Glaubens-bekenntnis	stehen	Schlussgebet	stehen
Fürbitten	stehen	Segen	stehen
Gaben-bereitung	sitzen	Entlassung	stehen

Bibeldetektive

Material: Bibeln in halber Klassenstärke, z.B. Einheitsübersetzung

Alter: ab Kl. 4

Dauer: ca. 45 Minuten

Ziel: die Bibel und ihren Aufbau entdecken

Spielart: Quizspiel

Beschreibung

Nachdem die Kinder schon Kinder-Bibeln kennengelernt haben, sollen sie sich bei diesem Spiel spielerisch einer Erwachsenen-Bibel nähern und deren einzelne Bücher entdecken. Dazu erhalten sie zu zweit eine Bibel. Erinnern Sie zunächst an die beiden großen Teile, Altes und Neues Testament. Betrachten Sie dann mit den Kindern das Inhaltsverzeichnis mit den einzelnen Büchern. Exemplarisch betrachten Sie ein Buch und seine Einteilung in Kapitel und Verse. Machen Sie an einem Beispiel deutlich, wie ein Bibeldetektiv arbeitet, um eine bestimmte Stelle zu finden. Geben Sie den Kindern nun einige Bibelstellen vor, die sie suchen müssen. Sie können zusätzlich aus jeder Stelle ein Wort entnehmen, die Wörter ergeben zusammen einen Satz.

Beispiel

Exodus 1, 20 – 1. Wort; Genesis 11, 10 – 2. Wort; Genesis 13, 15 – 14. Wort; Psalmen 36, 11 – 4. Wort; Matthäus 6, 21 – 6. Wort.
Diese Stellen ergeben den Satz: „Gott ist für dich da."

Hinweis

Suchen Sie vor allem Geschichten aus, die die Kinder kennen.

Variation

Geben Sie verschiedene Bibelstellen vor, die die Kinder kennen und die sich leicht wiedererkennen lassen. Abwechselnd suchen die Kinder die Stelle und lesen sie vor. Der Partner muss erraten, aus welcher biblischen Geschichte sie stammt.

Kopfkino

Material: Kinder-Bibel

Alter: ab Kl. 3

Dauer: ca. 15 Minuten

Ziel: sich in eine biblische Geschichte hineindenken

Spielart: Imaginationsspiel

Beschreibung

Die Kinder sollen zunächst zur Ruhe kommen, evtl. durch folgende Worte: „Setzt euch bequem auf den Stuhl. – Schließt eure Augen, und werdet ganz ruhig. – Atmet ruhig ein und aus." Lassen Sie nun eine kurze Zeit der Stille folgen, bevor Sie den nächsten Auftrag ankündigen, z.B.: „Ich möchte euch mitnehmen auf eine Reise, eine Art Kino im Kopf. Ich erzähle euch eine Geschichte aus der Bibel. Stellt euch dazu Bilder vor, so als würdet ihr mittendrin stehen und zuschauen, was passiert." Erzählen Sie den Kindern nun eine biblische Geschichte, oder lesen Sie sie vor. Lassen Sie die Geschichte am Schluss ein wenig wirken und fahren dann fort: „Öffnet nun in aller Ruhe wieder die Augen. Streckt die Arme aus, und schaut euch im Raum um. Denn jetzt seid ihr wieder hier angekommen."

Hinweis

Manche Kinder haben ein Problem, zur Ruhe zu kommen und die Augen zu schließen. Leise Musik im Hintergrund und ein etwas abgedunkelter Raum können unterstützend wirken.

Reflexion

Wie hast du das Kopfkino erlebt? Was hast du gesehen und gefühlt? Beschreibe die Personen und wie sie sich verhalten haben.

Buchstabensalat

Material: Arbeitsblatt (s. Folgeseite), Buntstifte

Alter: ab Kl. 3

Dauer: ca. 20 Minuten

Ziel: einen biblischen Satz finden, Themeneinstieg

Spielart: Quizspiel

Beschreibung

Die Kinder erhalten das Arbeitsblatt mit dem Buchstabensalat. Sie sollen den Satz aus der Bibel finden, dessen Buchstaben mit schwarzen Punkten gekennzeichnet sind. Anschließend malen sie die Buchstaben mit einer bunten Farbe aus.

Hinweis

Der Lösungssatz „Liebe deinen Nächsten wie dich selbst" steht im Evangelium von Matthäus (Mt 22, 37-39). Lesen Sie das Bibelzitat mit den Kindern in einem Zusammenhang, z.B. im **Kontext der Zehn Gebote**.

Variationen

- Entfernen Sie die schwarzen Punkte auf den Buchstaben, sodass die Wörter nicht direkt erkennbar sind.
- Sie können am Computer oder von Hand ein eigenes Arbeitsblatt erstellen.
- Um das Buchstabenfeld herum können die Kinder etwas zu dem Satz schreiben oder malen.

Reflexion

Wie kann das aussehen: „Liebe dich selbst", „Liebe deinen Nächsten"? Nennt einige Beispiele dafür.

DFJDAKLEJLASS

LIEBE

SDGFJKLDJSFSL

FGDALKFK

LSDSKFLAFUNBI

DEINEN

NJSDKFUADJASR

GHLKS

TDSAGFUFHOSHE

NÄCHSTEN

BNSKJDFGJSDGH

FJSKGHAKJDFHA

WIE

DFHSGFA

KLSFKAKFREAJN

DICH

DSFUGHJAKGSAJ

DSREFZGF

REWRHEUFYHKK

SELBST

BVSKFHAJSFAST

ÖSKFSOA

WRWKJKJSDGNV

Vaterunser-Körpergebet

Material: –

Alter: ab Kl. 3

Dauer: ca. 30 Minuten

Ziel: ein Gebet körperlich ausdrücken

Spielart: Bewegungsspiel

Beschreibung

Schritt für Schritt werden die einzelnen Verse des Gebets, hier des Vaterunsers, in Gesten und Bewegungen umgesetzt (s. Folgeseite). Am Schluss spricht ein Kind laut und deutlich das Vaterunser. Die anderen Kinder drücken das Gebet körperlich aus.

Hinweise

- Der Text des Vaterunsers sollte den Kindern vertraut sein.
- Bei einem Gottesdienst können die Kinder ihr Körpergebet vorstellen.

Variationen

- Projizieren Sie die einzelnen Verse mit den entsprechenden Gesten auf eine Leinwand, sodass sie für alle Kinder sichtbar sind. Nach und nach kann die visuelle Hilfe ausgeblendet werden.
- Es können auch alle Kinder gemeinsam zu den Bewegungen sprechen.
- Die Bewegungen eignen sich auch, um damit ein der Klasse bekanntes Vaterunser-Lied zu begleiten.

Reflexion

Sprechen Sie mit den Kindern darüber, welchen neuen Zugang sie zum Gebet erhalten haben.

Vaterunser-Körpergebet

Kopiervorlage

Vater unser im Himmel,	Die Kinder stehen im Kreis. Die Hände liegen am Anfang über Kreuz auf der Brust und werden langsam nach oben geöffnet:
geheiligt werde dein Name.	tiefe Verbeugung
Dein Reich komme.	Die Kinder geben sich die Hand und strecken die Hände nach oben, sodass eine Krone entsteht.
Dein Wille geschehe,	Hände lösen und geöffnet nach vorne strecken
wie im Himmel so auch auf Erden.	beide Hände nach oben und dann nach unten bewegen
Unser tägliches Brot gib uns heute.	mit beiden geöffneten Händen eine Schale darstellen
Und vergib uns unsere Schuld,	Hände vor die Augen halten und sich verneigen
wie auch wir vergeben unseren Schuldigern.	nacheinander dem rechten und linken Nachbarn die Hand geben
Und führe uns nicht in Versuchung,	Hände abwehrend nach vorne ausstrecken
sondern erlöse uns von dem Bösen.	beide Hände nach außen schieben
Denn dein ist das Reich	Hände nach oben strecken
Und die Kraft und die Herrlichkeit	die Nachbarn an den erhobenen Händen fassen
In Ewigkeit. Amen.	verbeugen, sich gemeinsam in die Mitte bewegen und wieder verbeugen

Gott mit dem Körper loben

Material: Liedblatt (s. Folgeseite)

Alter: ab Kl. 1

Dauer: ca. 45 Minuten

Ziel: Körperwahrnehmung, Gott mit dem ganzen Körper loben

Spielart: Bewegungsspiel

Beschreibung

Das Bewegungsspiel mit Hilfe des Liedes „Kommt, wir singen Halleluja" verläuft in mehreren Phasen:

1. Üben Sie zunächst das Lied mit den Kindern ein (Melodie summen, Text lesen, Text + Melodie).
2. Das Lied bietet Bewegungsanleitungen durch den Text. Üben Sie schrittweise die Bewegungen ein (zunächst ohne Melodie, dann gesungen).
3. Sind die einzelnen Strophen eingeübt, wird das komplette Lied gesungen und getanzt.

Hinweise

- Das Wort „Halleluja" kommt aus dem Hebräischen und heißt so viel wie „Lobt Gott".
- Es ist sinnvoll, das Lied mit Hilfe eines Begleitinstrumentes einzuüben.
- Machen Sie vorher eine Aufnahme des Liedes, dann fällt das Üben der Bewegungen leichter.

Variationen

- Es werden zwei Gruppen gebildet: eine Gesangs- und eine Bewegungsgruppe.
- Erfinden Sie mit den Kindern eigene Strophen.

Kommt, wir singen Halleluja

Text und Musik: Arthur Thömmes

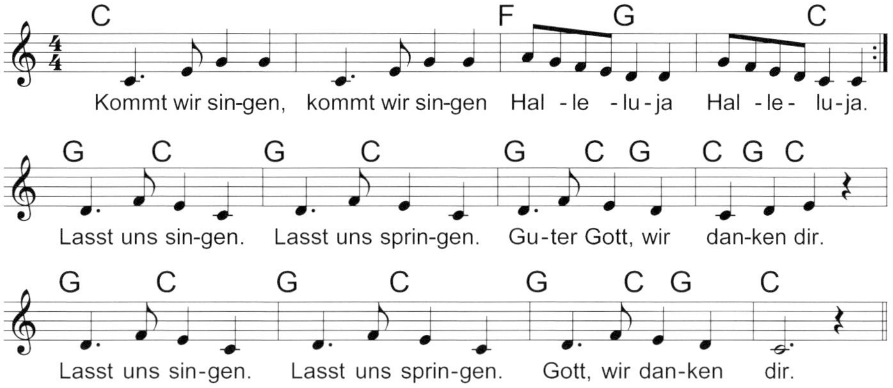

2. Lasst uns klatschen. Lasst uns stampfen ...
3. Lasst uns patschen. Lasst uns schnalzen ...
4. Lasst uns tanzen. Lasst uns hüpfen ...

5. ____

6. ____

Geheime Botschaften

Material: vorbereitete Textausschnitte (s.u.)

Alter: je nach Text ab Kl. 2

Dauer: ca. 30 Minuten

Ziel: einen biblischen Text spielerisch erschließen

Spielart: Kommunikationsspiel, Quizspiel

Beschreibung

Wählen Sie einen Text aus, den die Kinder erlesen sollen. Kopieren Sie zunächst den Text in der Anzahl der Gruppen, und zerschneiden Sie ihn in einzelne Abschnitte. Die zusammengehörigen Textabschnitte werden farblich markiert. Sie können Sie auch direkt auf unterschiedlich farbiges Papier kopieren. Die Teile werden nun gemischt. Jedes Kind zieht einen Abschnitt und macht sich auf die Suche nach den passenden Gegenstücken. Wenn sich die Gruppen gefunden haben, lesen sie gemeinsam ihre Abschnitte und bringen sie in die richtige Reihenfolge. Anschließend werden die Reihenfolgen der unterschiedlichen Gruppen verglichen.

Hinweise

- Kopieren oder schreiben Sie den Text in möglichst großer Schrift, damit er am Schluss von allen gelesen werden kann.
- Dieses Kommunikationsspiel eignet sich für **biblische oder andere Texte**, die einen klaren Aufbau haben.

Variationen

- Bei älteren Kindern können Sie das Spiel schwieriger machen, indem Sie die einzelnen Textabschnitte farblich nicht markieren.
- Sie können an die Gruppen auch unterschiedliche Texte verteilen, die sie sich hinterher gegenseitig vorstellen, z.B. unterschiedliche **Martinslegenden**, Info-Texte über unterschiedliche **Aufgaben in der Gemeinde** etc.

Geschichtenknäuel

Material: Wollknäuel, vorbereitete Zettel in der Anzahl der Kinder (s.u.), Heftgerät

Alter: ab Kl. 3

Dauer: ca. 25 Min.

Ziel: Fantasie entwickeln

Spielart: Kreativspiel

Beschreibung

Die Kinder sollen anhand eines „Erzählfadens" eine biblische Geschichte erzählen, die sie bereits kennen. Bereiten Sie dazu ein Wollknäuel vor, an dem Sie alle vier bis fünf Meter einen Zettel befestigen. Dazu biegen Sie eine Kante des Zettels um die Wolle und tackern sie an dem Knäuel fest. Auf den Zetteln steht jeweils ein Stichwort oder ein Satz aus der Geschichte. Damit die Kinder wissen, wann sie mit Erzählen aufhören sollen, schreiben Sie auf die Zettel jeweils das Ende ihres Erzählabschnitts. Bringen Sie die Zettel in der richtigen Reihenfolge an, und zwar so, dass der letzte Zettel innen liegt und der Anfang der Geschichte außen. Das erste Kind in der Runde nimmt den ersten Zettel, liest das Stichwort und beginnt mit dem Erzählen der Geschichte. Dabei wickelt es das Knäuel bis zum nächsten Zettel ab und überreicht das Knäuel samt Zettel dem nächsten Kind. Dieses erzählt die Geschichte weiter.

Hinweis

Das Spiel lässt sich zu jedem beliebigen Thema einsetzen, das in eine größere Anzahl von Abschnitten eingeteilt werden kann.

Variation

Im Vorfeld erstellen die Kinder oder eine Gruppe von Kindern das Geschichtenknäuel selbst.

Lebendige Adventsstraße

Material: 24 Fußspuren aus Pappe (ca. DIN A4), Symbol für Weihnachten (z.B. Krippe, Krippenbild, Stern), ggf. Klebeband

Alter: ab Kl. 3

Dauer: durch die Adventszeit täglich ca. 10 Minuten

Ziel: kreative Ideen entwickeln, etwas für die Gemeinschaft tun

Spielart: Kreativspiel

Beschreibung

Im Raum wird eine Adventsstraße vorbereitet. Dazu kleben Sie insgesamt 24 mit den Namen der Kinder gekennzeichnete Fußspuren auf den Boden. Die Spuren führen zu einer Krippe oder einem anderen Symbol für das Weihnachtsfest. Die Kinder sollen im Laufe der Adventszeit die Fußspuren mit eigenen kreativen Beiträgen für die Klasse füllen. Das können Bilder, Geschichten, Lieder, eine Spielidee für die Pause oder andere Dinge sein, die die Kinder sich für die Klasse überlegen. Auch ein ermutigender Satz oder ein Wort, das die Kinder hochhalten, kann bereits ein sinnvoller Beitrag sein. Am jeweiligen Tag stellt sich das Kind auf die Fußspur, auf der sein Name steht, und sagt z.B.: „Noch 10 Tage bis zum Weihnachtsfest. Ich möchte heute eine Geschichte erzählen". Die Kinder lassen ihren Beitrag, wenn möglich, auf der Fußspur liegen. Jedes Kind wird so Teil der Adventsstraße.

Hinweise

- Zur Vorbereitung geben Sie den Kindern frühzeitig eine schriftliche Hausaufgabe mit einem erläuternden Schreiben an die Eltern.
- Wenn Sie nicht den Platz haben, die Adventsstraße dauerhaft auf dem Fußboden an einer Stelle einzurichten, über die nicht ständig gegangen wird, können Sie sie auch an der Wand anbringen.

Variation

Ähnlich kann auch die **Fastenzeit** gestaltet werden.

Was hat Nikolaus im Sack?

Material: pro Gruppe 1 kleiner Sack, verschiedene Gegenstände, z.B. in einer Kiste

Alter: ab Kl. 1

Dauer: ca. 20 Minuten

Ziel: Gegenstände durch Tasten erkennen

Spielart: Wahrnehmungsspiel

Beschreibung

Die zu erfühlenden Gegenstände liegen abseits, sodass die Kinder sie nicht sehen können. Bilden Sie Gruppen zu sechs bis acht Kindern. Die Gruppen setzen sich im Kreis hin, ein Spieler ist der erste Nikolaus. Er wählt heimlich einen Gegenstand aus und steckt ihn in den Sack. Dann geht der Sack herum, das erste Kind darf einmal fühlen und versuchen, den Gegenstand zu erraten. Rät es richtig, ist es der nächste Nikolaus und darf den Gegenstand zurücklegen und den nächsten Gegenstand in den Sack füllen. Rät es falsch, wandert der Sack weiter. Hat nach einer Runde niemand richtig geraten, wird etwas Neues in den Sack gesteckt.

Hinweis

Binden Sie das Spiel ein in Erzählungen von Nikolaus von Myra. Wahrscheinlich kennen die meisten Kinder den Heiligen, der im 4. Jahrhundert Bischof in der Stadt Myra war. Die Legenden, die von ihm erzählt werden, sind ihnen aber oft nicht bekannt. Vielleicht können Sie das Spiel auch in eine kleine Nikolausfeier einbinden.

Variation

Im Rahmen einer Feier können die Gegenstände kleine Geschenke sein. Wer den Gegenstand erraten hat, darf ihn behalten. Das Spiel geht dann so lange weiter, bis jeder ein Geschenk hat.

Bibel-Memory®

Material: für jede Gruppe einen Satz vorbereiteter Begriffskarten aus Pappe (s.u.), Papier und Stifte

Alter: ab Kl. 1

Dauer: ca. 20 Minuten

Ziel: Wiederholung, Vertiefung eines Themas

Spielart: Ratespiel

Beschreibung

Bereiten Sie zunächst die Memory®-Karten vor. Das Spiel besteht aus Kartenpaaren, auf denen jeweils der gleiche Begriff aus einem Themenbereich oder einer biblischen Geschichte steht (z.B. zur **Zachäusgeschichte**: Zachäus, Zöllner, klein, Baum, Jesus, zu Gast sein, Leute, Hälfte).
Es spielen jeweils zwei Gruppen von ca. vier Kindern gegeneinander. Nacheinander werden zwei Karten aufgedeckt. Wird ein zusammengehörendes Kartenpaar gefunden, erzählt das Kind, was ihm zu dem Begriff aus der Geschichte einfällt, und darf das Kartenpaar behalten. Es gibt einen Punkt pro Kartenpaar und einen Punkt, wenn das Kind etwas erzählen kann. So rekapitulieren die Kinder nach und nach noch einmal die gesamte Geschichte. Die Gruppe mit den meisten Punkten hat das Spiel gewonnen.

Hinweis

Die Kinder sollten das Thema bzw. die Geschichte bereits recht gut kennen.

Variationen

- Die Gruppen beschriften zunächst die Karten selbst und tauschen sie anschließend aus.
- Auf den Karten stehen nicht gleiche, sondern eng zusammengehörende Begriffe.
- Jeweils drei Wortkarten gehören zusammen.

Rückenschrift

Material: vorbereitete Begriffskarten, Blätter und Stifte in der Anzahl der Gruppen

Alter: ab Kl. 3

Dauer: ca. 10 Minuten

Ziel: Einführung in ein Thema

Spielart: Schreibspiel, Konzentrationsspiel, Ratespiel

Beschreibung

Ziel des Spiels ist es, einen Satz zu entschlüsseln. Wählen Sie einen Satz, der thematisch in das Unterrichtsthema einführen soll. Die Zahl der zu bildenden Gruppen entspricht der Zahl der Wörter. Optimal besteht jede Gruppe aus drei bzw. vier Kindern. Sie stehen oder sitzen hintereinander. Zeigen Sie dem letzten Kind jeder Gruppe sein Wort aus dem Satz auf einer Karte. Es schreibt dem Kind vor ihm das Wort Buchstabe für Buchstabe auf den Rücken. Glaubt das vordere Kind, das Wort erkannt zu haben, schreibt es den Begriff wiederum dem vor ihm stehenden auf den Rücken usw. Das erste Kind schreibt das Wort auf ein Blatt. Jede Gruppe kann nun kurz beraten, ob das Wort sinnvoll ist oder ob vielleicht ein Buchstabe ersetzt werden muss. Am Schluss versuchen alle gemeinsam, aus den Wörtern einen Satz zu bilden.

Hinweis

Sie können den Schwierigkeitsgrad mit bestimmten Regeln verringern oder erhöhen (z.B.: Das Schreiben eines Wortes darf nur einmal wiederholt werden).

Staffellaufgeschichte

Material: Plakate in der Anzahl der Gruppen, dicke Filzstifte

Alter: ab Kl. 2

Dauer: ca. 10 Minuten

Ziel: einen Text kennenlernen

Spielart: Schreibspiel

Beschreibung

Ein kurzer Text steht im Mittelpunkt der Stunde. Die Kinder sollen ihn nach und nach auf mehreren Plakaten zusammentragen. Teilen Sie den Text zunächst in mehrere Abschnitte auf, die etwa gleich groß sind. Die Abschnitte entsprechen der Anzahl der Gruppen. Jede Gruppe erhält ihren Text und liest ihn zunächst durch. In einer Art Staffellauf soll jede Gruppe ihren Text nach und nach auf ein Plakat schreiben. Das erste Kind läuft zum Plakat, schreibt das erste Wort an, läuft zurück und übergibt dem zweiten Kind den Stift. Es läuft zum Plakat und schreibt das zweite Wort an. Der Staffellauf ist beendet, wenn der komplette Text auf den Plakaten steht. Nun hängt der gesamte Text an den Wänden und kann gelesen und besprochen werden.

Hinweise

- Die Schrift muss trotz der Schnelligkeit gut lesbar sein.
- Dieses Spiel eignet sich für viele Themenbereiche.

Variation

Jedes Kind schreibt einen Satz an.

Postkarte an Gott

Material: weiße Karten in Postkartengröße, Buntstifte

Alter: ab Kl. 3

Dauer: ca. 45 Minuten

Ziel: Fragen an Gott formulieren

Spielart: Schreibspiel

Beschreibung

Die Kinder erhalten weiße Karten, die sie beschriften und bemalen sollen. Sie sollen eine Karte an Gott schreiben. Dazu malen sie auf der Vorderseite ein Bild. Auf der Rückseite soll jedes Kind eine Frage an Gott stellen, die es gerne einmal beantwortet haben möchte (z.B.: „Lieber Gott, warum müssen die Menschen sterben?"). Die fertigen Karten werden eingesammelt und nacheinander vorgelesen. Sprechen Sie mit den Kindern über ausgewählte Fragen. Dabei sollte auch deutlich werden, dass es Fragen gibt, deren Antwort Menschen zwar suchen, aber nicht finden können.

Hinweis

Achten Sie auf eine ruhige, meditative Atmosphäre in der Klasse, ggf. können Sie ruhige Musik spielen. Weisen Sie die Kinder darauf hin, dass sie sich über ihre Frage ernsthaft Gedanken machen sollen.

Variation

Sie können die Fragen der Kinder, im Rahmen einer **Einheit zu den „großen Fragen"**, in verschiedenen Stunden als Einstieg nutzen, um mit den Kindern gemeinsam nachzudenken.

Reflexion

Wer kann uns unsere Fragen beantworten? Gott wird keine Postkarte zurückschreiben. Gibt Gott trotzdem Antworten?

Rätselsatz

Material: Arbeitsblatt (s. Folgeseite), Stift

Alter: ab Kl. 3

Dauer: ca. 5 Minuten

Ziel: ein Rätsel lösen, Einführung

Spielart: Quizspiel

Beschreibung

Die Kinder erhalten das Arbeitsblatt mit der Anleitung: „Du siehst auf dem Blatt Kreise mit Buchstaben. Zwischen manchen Kreisen sind Linien zu sehen. Suche den Anfang, und folge der Linie, dann kommst du ans Ziel. Auf dem Weg dorthin kannst du einen Satz aus der Bibel lesen. Male die Buchstaben in dem Satz in einer Farbe an, damit du ihn besser lesen kannst. Er steht in der Bibel in der so genannten Bergpredigt. Man nennt den Satz auch die „goldene Regel"."

Hinweis

Betten Sie die Aufgabe in einen Zusammenhang ein, z.B. in die Beschäftigung mit **Regeln und Geboten der Bibel** oder die **Bergpredigt**.

Variation

Die Kinder können mit ein wenig Übung selbst ein eigenes Rätsel erstellen. Dazu suchen sie sich einen Satz aus der Bibel aus, den sie selbst schon kennen. Es kann auch ein anderer Text sein (z.B. ein Teil eines Gebets). Dann schreiben sie ihn fortlaufend in Felder (z.B. auf Papier mit großen Kästchen). Die zusammengehörigen Felder verbinden sie mit Strichen und füllen die restlichen mit Buchstaben.

Reflexionen

- Finden Sie gemeinsam mit den Kindern Beispiele aus ihrem Alltag, wie man die „goldene Regel" heute leben könnte.
- Wieso könnte dieser Satz wohl „goldene Regel" heißen?

Rätselsatz

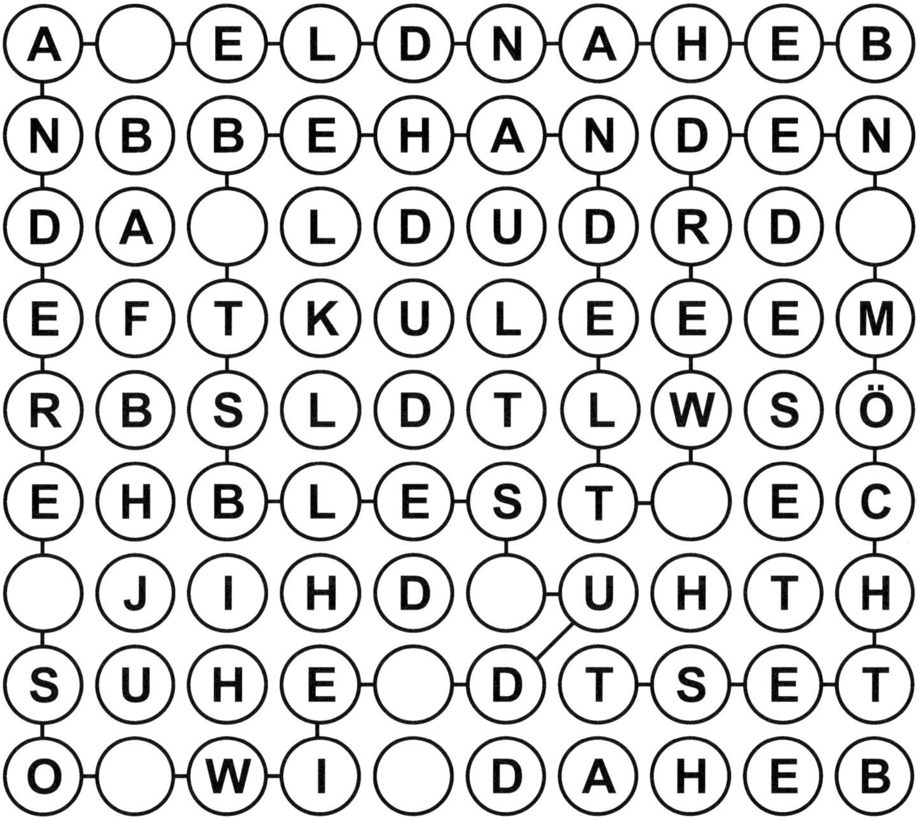
A E L D N A H E B
N B B E H A N D E N
D A L D U D R D
E F T K U L E E E M
R B S L D T L W S Ö
E H B L E S T E C
J I H D U H T H
S U H E D T S E T
O W I D A H E B

Kirchenrallye

Material: Papier, Stifte, Fotokameras, Arbeitsblatt (s. Folgeseite), in der Anzahl der Kinder

Alter: ab Kl. 3

Dauer: ca. 90 Minuten

Ziel: spielerische Erkundung des Kirchenraums

Spielart: Entdeckungsspiel

Beschreibung

Bereiten Sie die Kinder darauf vor, dass sie gemeinsam eine Kirche besuchen. Dort sollen die Kinder in der „Kirchen-Rallye" vorgegebene Aufgaben lösen. Es handelt sich aber um eine „Schleich-Rallye". Der Pfarrer, Küster oder ein anderer Ortskundiger steht zur Beantwortung von Fragen bereit. Besprechen Sie hinterher mit den Kindern intensiv die Ergebnisse der Kirchen-Rallye.

Hinweise

- Weisen Sie die Kinder vor dem Besuch der Kirche auf das angemessene Verhalten in einer Kirche hin (nicht laufen, nicht laut reden). Ebenso sollten Sie vorab Elemente des Kirchenraums, ihre Symbolik und Funktion besprochen haben.
- Klären Sie vorab mit den Verantwortlichen, dass die Kinder sich selbstständig im Kirchenraum bewegen dürfen.
- Machen Sie den Kindern klar, dass es hier nicht um einen Wettbewerb geht.

Variationen

- Es werden mehrere Gruppen gebildet, die unterschiedliche Aufgaben lösen sollen (Malen, Fotografieren, Fragen beantworten).
- Die Kinder erhalten eine Skizze des Grundrisses der Kirche, die bei der Orientierung hilfreich sein kann.

Kirchenrallye

1. Male oder fotografiere einen der folgenden Gegenstände:

Weihwasserbecken	Marienfigur	Kreuz
Taufbecken	Kreuzweg	Kirchenfenster
Orgel	Ambo	Altar
Ewiges Licht	Kerzen	Heiligenfiguren
Tabernakel	Beichtstuhl	

2. Finde eine Antwort auf mindestens drei der folgenden Fragen:

a) Wann wurde die Kirche erbaut?
b) Wie heißen die verschiedenen Bereiche der Kirche?
c) Wie hoch ist das Kreuz?
d) Wie heißt der Kirchenpatron?
e) Wie hoch ist der Kirchturm?
f) Wie viele Kerzen findest du in der Kirche?
g) Wie hoch ist die längste Orgelpfeife?
h) Wie ist der Name der Kirche?
i) Wie ist die Adresse der Kirche?
j) Wie viele Kirchenfenster gibt es?
k) Welche Farben haben die Fenster?
l) Kannst du Figuren in den Kirchenfenstern erkennen? Finde für mindestens eine Figur heraus, wer dargestellt ist.
m) Wie viele Liederbücher gibt es?
n) Wie viele Menschen nehmen etwa am Sonntagsgottesdienst teil?
o) Wie viele Pfeifen hat die Orgel?
p) Wie viele Bänke hat die Kirche?
q) Wie viele Tasten hat die Orgel?
r) Wie viele Stufen hat die Treppe zur Empore?

Tragt hier die Buchstaben eurer Fragen und die Antworten ein.

) ______________________________

) ______________________________

) ______________________________

Sich versöhnen

Material: Situationskarten (s. Folgeseite), 1 pro Gruppe

Alter: ab Kl. 1

Dauer: ca. 45 Minuten

Ziel: Möglichkeiten für Konfliktlösung und Versöhnung finden

Spielart: Rollenspiel

Beschreibung

Es werden Spielgruppen zu etwa vier Kindern gebildet. Jede Gruppe erhält eine Karte mit einer Situationsbeschreibung. Sie können mit den Vorschlägen dieses Buchs arbeiten oder eigene Situationen auswählen. In jeder Situation kommt es zu einem Konflikt. Die Kinder sollen gemeinsam eine Lösung finden und sie im Rollenspiel umsetzen. Dabei sollte am Schluss eine Versöhnung stehen. Die Gruppen stellen sich gegenseitig ihre Rollenspiele vor und besprechen sie.

Hinweise

- Wenn Sie eigene Situationskarten vorbereiten, können Sie auch aktuelle Konflikte innerhalb der Gruppe einbeziehen, sollten allerdings andere Protagonisten wählen.
- Besprechen Sie mit den Kindern, dass es bei jedem Streit die Möglichkeit eines Neuanfangs gibt, auch wenn der Weg dahin sehr lang sein kann.

Variation

Die Kinder berichten selbst von Konflikten, die sie kennen oder erlebt haben. Sie werden als Rollenspiel dargestellt.

Reflexion

War die Lösung des Streits schwierig? Sind alle mit dem Verlauf einverstanden? Wie schwer ist es, sich zu versöhnen?

Sich versöhnen

Kopiervorlage

Pia ist traurig, weil Jonas den anderen Kindern ständig Unwahrheiten über sie erzählt. Sie stellt ihn zur Rede.

Petra hat Streit mit Jeannette, weil sie ihr immer alles nachmacht: das neue Handy, die bunte Schultasche oder die schicken Turnschuhe. Sie will wissen, warum sie das macht.

Olaf und Giuseppe hänseln Ahmed immer wieder in der Pause. Sie beschimpfen ihn mit bösen Wörtern oder schubsen ihn. Karla will den Streit schlichten.

Kevins Füller ist verschwunden. Kevin meint: Das kann nur Hendrik gewesen sein. Er sagt Hendrik das, während andere Kinder zuhören.

Sarah will am Abend einen Film im Fernsehen anschauen. Die Mutter erlaubt es nicht, da sie am anderen Tag früh aufstehen muss. Sarah schreit ihre Mutter an und knallt ihre Zimmertür zu.

Ole hat seinem jüngeren Bruder Max sein Fahrrad geliehen und ihm gesagt, dass er gut darauf aufpassen soll. Als Max zurückkommt, ist das Vorderrad total verbogen.

Schattenspiel

Material: Overhead-Projektor, Betttuch, 2 Kartenständer, Bibel

Alter: ab Kl. 1

Dauer: ca. 6–8 Unterrichtsstunden

Ziel: eine biblische Geschichte spielerisch vertiefen

Spielart: darstellendes Spiel

Beschreibung

Die Kinder sollen eine biblische Geschichte, die ihnen bereits bekannt ist, in einem Schattenspiel darstellen. Dazu benötigen Sie einen Overhead-Projektor als Lichtquelle und einige große Betttücher. Bei abgedunkeltem Raum werden die spielenden Kinder von hinten angestrahlt, auf der Leinwand erscheint ihr Schatten. Es ist wichtig, dass die Kinder mit deutlichen Gesten spielen. Verteilen Sie die unterschiedlichen Rollen, und üben Sie Schritt für Schritt die Geschichte ein. Ältere Kinder können auch gruppenweise verschiedene Szenen selbst einüben und auch die Rollenverteilung vornehmen.

Hinweise

- Das Schattenspiel sollten Sie als kleines Projekt anlegen, bei dem jedes Kind eine Aufgabe übernimmt. Eine Präsentation vor größerem Publikum ist ein zusätzlicher Anreiz.
- Zurückhaltende Kinder bringen sich beim Schattenspiel eher ein, da sie sich hier nur als Schatten präsentieren. Wer gar nicht spielen möchte, kann als „Regisseur" Tipps geben.
- Requisiten und Musik können die Darstellung unterstützen.
- Geeignet sind handlungsreiche Geschichten, wie das **Gleichnis vom barmherzigen Samariter, die Mosegeschichte** etc.

Variation

Das Schattenspiel lässt sich natürlich auch mit Puppen darstellen. Es wirkt jedoch viel lebendiger, wenn die Kinder selbst spielen.

Hörspiel

Material: Notebook, Mikrofon, Software, Bibel

Alter: ab Kl. 3

Dauer: ca. 90 Minuten

Ziel: eine biblische Geschichte als Hörspiel erarbeiten

Spielart: Kreativspiel

Beschreibung

Eine kreative Möglichkeit, eine biblische Geschichte lebendig werden zu lassen, ist das Hörspiel. Dazu schreiben Sie mit den Kindern die Geschichte so um, dass nicht nur erzählt, sondern der Anteil der wörtlichen Rede der handelnden Personen erhöht wird. Verteilen Sie die Sprecher- und Erzählerrollen, üben Sie mit den Kindern den Vortrag, und nehmen Sie die Texte direkt mit dem Computer auf. Mit Hilfe der leicht zu bedienenden und kostenlosen Software Audacity haben Sie die Möglichkeit, das Gesprochene zu bearbeiten. Sie können auch verschiedene Geräusche aufnehmen und an den entsprechenden Stellen einfügen. Auch selbst gesungene Lieder oder Musik können dem Hörspiel einen ganz besonderen Akzent verleihen. Jedes Kind erhält das fertige Hörspiel als CD.

Hinweise

- Neben dem Sprechen gibt es viele andere Aufgaben, die die Kinder übernehmen können (z.B.: Geräusche aufnehmen, CD-Cover erstellen, Lieder einüben).
- Falls Sie sich selbst das Arbeiten mit der Software nicht zutrauen, bitten Sie einen fachkundigen Kollegen um Hilfe.
- Ein Handbuch zu Audacity finden Sie unter *http://audacity.sourceforge.net/de/docs/handbuch/*
- Ein größeres Projekt könnte z.B. die **Josefsgeschichte** sein.
- Nach Möglichkeit sollte eine zweite Betreuungsperson das Projekt begleiten, damit z.B. eine Gruppe in einem separaten Raum Tonaufnahmen machen kann.

Bibelteams

Material: vorbereitete Begriffskarten (s.u.)

Alter: ab Kl. 3

Dauer: ca. 10 Minuten

Ziel: Wiederholung, Festigung

Spielart: Kommunikationsspiel, Wissensspiel

Beschreibung

Wählen Sie zunächst einige biblische Geschichten aus, die die Kinder kennen. Zu jeder Geschichte gibt es so viele Karten wie Gruppenmitglieder. Darauf stehen Wörter, die zur jeweiligen Geschichte passen. Es können z.B. folgende Kategorien sein: Hauptperson, Ort der Handlung, Thema oder sonst ein Wort, das darin vorkommt. Die Karten werden gemischt. Jedes Kind zieht eine Karte und macht sich auf die Suche nach den Begriffen, die zusammenpassen. Dabei dürfen sich die Kinder leise beraten. Haben sich die Gruppen gefunden, erzählen sie mit Hilfe der Wörter die biblische Geschichte.

Hinweise

- Achten Sie darauf, dass Sie Geschichten wählen, in denen sich die Begriffe nicht überschneiden.
- Um es einfacher zu machen, können Sie auf den Karten die Anzahl der Gruppenmitglieder notieren, die sich finden müssen.
- Das Spiel eignet sich gut zum **Schuljahresabschluss**.

Variation

Die zu suchenden Wörter werden nicht genannt, sondern nur umschrieben (z.B.: Er war Zöllner. Sie feierten gemeinsam das Abendmahl).

Reflexion

Wie haben wir erkannt, welche Begriffe zusammengehören?
Bei welchen Wörtern war es schwierig?

Karussell

Material: beschriftete Karten zum gewählten Thema, CD-Player, Musik-CD

Alter: ab Kl. 1

Dauer: ca. 20 Minuten

Ziel: spielerischer Themeneinstieg

Spielart: Kommunikationsspiel

Beschreibung

Jedes Kind erhält zunächst eine Karte mit einem Stichwort oder eine Frage, die zum neuen Themenbereich passt. Es müssen nicht alles unterschiedliche Karten sein. Es werden zwei Kreise gebildet, ein Innen- und ein Außenkreis. Dabei schauen die Kinder im Außenkreis nach innen und die Kinder im Innenkreis nach außen. Nachdem Sie die Musik eingeschaltet haben, bewegt sich der Außenkreis im Uhrzeigersinn und der Innenkreis in entgegengesetzter Richtung. Stoppen Sie die Musik, stellen sich die Kinder gegenseitig ihre Begriffe bzw. Fragen vor und unterhalten sich kurz darüber. Sie können ggf. auch überlegen, was beide Karten miteinander zu tun haben könnten. Nachdem die Musik wieder einsetzt, bewegen sich die Kreise wieder wie ein Karussell bis zum nächsten Musikstopp.

Hinweise

- Es ist nicht schlimm, wenn Kinder mit einem Begriff nichts verbinden können – es handelt sich ja um einen Einstieg. Vielleicht kann auch ein Gegenüber den Begriff einordnen.
- Dieser Einstieg ist besonders für **Einheiten mit sozialem oder ethischem Schwerpunkt** geeignet.

Reflexion

Was habe ich alles im Karussell erfahren? Welches Gespräch hat mich am meisten beeindruckt? Wie habe ich mich dabei gefühlt, mehrmals das Gleiche zu erzählen?

Geschichten-Standbild

Material: -

Alter: ab Kl. 3

Dauer: ca. 30 Minuten

Ziel: szenische Darstellung einer (biblischen) Geschichte

Spielart: darstellendes Spiel

Beschreibung

Es werden mehrere Gruppen gebildet. Jede Gruppe erhält die Aufgabe, einen Ausschnitt aus einer (biblischen) Geschichte in einem Standbild darzustellen. Dazu wählen die Kinder zunächst eine Schlüsselszene aus. Ein Kind ist der „Bildhauer" und stellt nacheinander die Personen auf. Alle Kinder der Gruppe können aber Vorschläge machen. Die Kinder sollen beim Gestalten auch auf die Gestik und Mimik der Personen achten (lachen, Mund weit auf zum Schrei, Augen aufgerissen etc.), ebenso wie auf deren Position im Raum (weit entfernt voneinander, kniend, liegend, stehend ...). Nacheinander stellen die einzelnen Gruppen ihre Szenen vor. Die Zuschauer äußern Vermutungen, um welche Szene es sich handelt.

Hinweis

Die Gruppen müssen sich die Darstellung der Szene genau merken, da die Szenen bei der Präsentation nacheinander vorgeführt werden.

Variation

Sind die Szenen fertig, werden sie mit einer Digitalkamera fotografiert und ausgedruckt. Die einzelnen Fotos werden nebeneinandergelegt und verglichen. Aus den Fotos wird ein Bilderbuch gestaltet.

Reflexionen

- Warum habt ihr eure Szene genau so gestaltet?
- Dabei können die anderen Kinder Veränderungsvorschläge machen.

Schreibrunde

Material: 1 DIN-A3-Blatt pro 4er-Gruppe, Stifte

Alter: ab Kl. 3

Dauer: ca. 20 Minuten

Ziel: Themeneinführung

Spielart: Schreibspiel, Kommunikationsspiel

Beschreibung

Es werden 4er-Gruppen gebildet. Die Kinder setzen sich um einen Tisch, auf dem ein Blatt Papier liegt, das in vier Felder eingeteilt ist. In jedem Feld steht ein anderes Wort bzw. ein Satzanfang. Jedes Kind schreibt zunächst auf dem ihm vorliegenden Blatt-Teil einen Kommentar. Anschließend wird das Blatt im Uhrzeigersinn um einen Teil weitergedreht. Wieder schreiben die Kinder ihre Bemerkungen dazu. Das Schreibspiel ist nach einer festgelegten Zeit beendet, nachdem das Blatt mehrmals die Runde gemacht hat. Anschließend werden die Blätter gelesen und besprochen.

Hinweis

Während des Spiels sollte nicht gesprochen werden, die Unterhaltung geschieht über das Schreiben.

Variation

Auf jedem Blatt-Teil ist eine unvollendete Zeichnung zu finden. Jedes Kind erweitert die Zeichnung jeweils um ein Element. Das Blatt wird dann nach einer festen Zeitspanne gedreht.

Reflexion

Ist durch das Schreiben eine Art von Gespräch entstanden? Habt ihr aufeinander Bezug genommen? Was habe ich bei dieser Art von Gespräch gelernt?

Redechaos

Material: vorbereitete Satzkarten (s.u.), DIN-A4-Blätter für die Hälfte der Kinder, dicke Marker

Alter: ab Kl. 3

Dauer: ca. 45 Minuten

Ziel: Erarbeiten eines Textes

Spielart: Kommunikationsspiel

Beschreibung

Vorab bereiten Sie Karten vor, auf denen jeweils ein Satz aus einer Geschichte steht, die die Kinder noch nicht kennen. Die Anzahl der Karten sollte der halben Gruppengröße entsprechen. Die Kinder teilen sich in Partnergruppen auf. Jeweils ein Kind aus der Gruppe erhält eine Satzkarte, die es dem Partner nicht zeigt. Die Kinder stellen sich im Kreis so auf, dass die Partner sich gegenüberstehen. Auf Ihr Kommando versuchen die Kinder mit den Satzkarten, ihrem Partner ihren Satz zuzurufen. Das ist bei der entstehenden Lautstärke sehr schwierig. Nach einigen Minuten wird das Spiel beendet. Die Kinder, die den Text gehört haben, erhalten ein Blatt und einen Marker und schreiben den verstandenen Satz auf. Die Karten werden an eine Pinnwand geheftet und nacheinander vorgelesen. Gemeinsam versuchen alle, die Sätze in die richtige Reihenfolge zu bringen. Die fertige Geschichte wird am Schluss vorgelesen.

Hinweis

Achten Sie wegen der entstehenden Lautstärke darauf, einen geeigneten Raum zu benutzen.

Variation

Jeweils drei Kinder bilden eine Gruppe und verteilen sich im Raum. Das erste Kind erhält den Text, den es dem dritten zurufen soll. Das zweite Kind versucht, durch Geräusche oder durch das Verstellen des Blickfeldes die Kommunikation zu verhindern.

Malen mit einem Strich

Material: Papier, Stifte

Alter: ab Kl. 3

Dauer: ca. 20 Minuten

Ziel: konzentriertes Malen einer Szene

Spielart: Malspiel, Konzentrationsspiel

Beschreibung

Nachdem Sie mit den Kindern eine (biblische) Geschichte besprochen haben, erhält jedes Kind die Aufgabe, etwas daraus zu malen. Das Bild soll aber aus einer einzigen ununterbrochenen Linie bestehen. Der Stift darf also nicht hochgenommen und neu angesetzt werden. Auch darf man nicht auf einer bereits gemalten Linie zurückgehen.

Hinweise

- Sie können den Kindern freistellen, was sie malen möchten, oder z.B. die Geschichte in Szenen einteilen, sodass hinterher eine Bildergeschichte entsteht.
- Bevor die Kinder mit dem Malen beginnen, müssen sie zuerst genau überlegen, wie sie ihr Bild gestalten wollen.
- Das Malen bedarf einiger Übung. Ermöglichen Sie den Kindern mehrere Neuanfänge.
- Thematisch passen gut Geschichten, in denen es um – manchmal verschlungene – Wege geht, z.B. Abraham, Mose, Josef, Paulus, Jona.

Variationen

- Mehrere Gruppen malen zusammen jeweils eine Szene. Dabei darf jedes Gruppenmitglied malen. Die beste Zeichnung wird am Schluss vorgestellt.
- Jeweils zwei Kinder malen eine Szene. Dabei hält das erste Kind den Stift. Das zweite Kind führt die Hand beim Malen.

Fehlersuche

Material: 2 verschiedene (Bibel-)Texte, entsprechend der Anzahl der Gruppen, Stifte, Papier

Alter: ab Kl. 3

Dauer: ca. 45 Minuten

Ziel: Wiederholung, Festigung

Spielart: Wissensspiel

Beschreibung

Bilden Sie Gruppen zu je drei bis fünf Kindern. Es spielen jeweils zwei Gruppen gegeneinander. Teilen Sie also die Großgruppe so ein, dass eine gerade Anzahl von Gruppen entsteht. Jede Gruppe erhält einen anderen (Bibel-)Text. Beide Texte müssen allen gut bekannt sein. Die Kinder bauen in ihren Text zehn Fehler ein. Den neu geschriebenen Text lesen die Gruppen einander vor. Wenn Kinder der ratenden Gruppe meinen, dass ein Fehler vorgelesen wird, heben sie die Hand. Ein Kind der Vorlesegruppe notiert während des Vorlesens mit Strichen, ob der Fehler erkannt wurde. Anschließend werden die Rollen getauscht, und abschließend wird geklärt, welche Fehler tatsächlich eingebaut wurden.

Hinweise

- Bei den Fehlern soll es sich um inhaltliche Fehler handeln, die eine Aussage verfälschen können (z.B.: „Bartimäus saß am Straßenrand und rief Jesus zu. Er war taub.").
- Weisen Sie die Kinder evtl. darauf hin, dass unwahrscheinliche und übertriebene Fehler leicht zu erkennen sind.

Variationen

- Je nach Textlänge können Sie die Anzahl der Fehler variieren.
- Erschwerend können die Kinder als Fehler auch zusätzliche Informationen einbauen, die in der Originalgeschichte nicht vorkamen.
- Die Kinder malen ein Bild, auf dem Fehler eingebaut sind.

Gesucht wird ...

Material: DIN-A4- oder DIN-A3-Papier, Buntstifte, Kinder-Bibeln in der Anzahl der Gruppen, Kinder-Sachbücher zur Bibel oder andere Informationstexte zu biblischen Personen

Alter: ab Kl. 3

Dauer: ca. 45 Minuten

Ziel: Informationen zusammenfassen und kreativ gestalten, Wiederholung

Spielart: Gestaltungsspiel, Quizspiel

Beschreibung

Bei diesem Spiel sollen die Kinder ein „Gesucht-wird"-Plakat entwerfen, ähnlich einem Steckbrief. Gesucht werden biblische Personen oder Heilige. Die Kinder sollten sich aber schon mit ihnen beschäftigt haben. Dazu erstellen Sie zunächst mit den Kindern eine Liste von Namen zur Auswahl. Es werden 2er- oder 3er-Gruppen gebildet, die sich eine Person aussuchen und alle Informationen zusammentragen, die sie über diese Person haben oder finden können. Auf dem Plakat steht oben: „Gesucht wird ...", der Name wird aber nicht genannt. Anschließend können die Kinder wie in einem Steckbrief Informationen über Aussehen, Familie, Verhalten oder besondere Ereignisse aufschreiben.
Die Auswahl der Kategorien bleibt dabei den Gruppen überlassen.
Die Plakate werden anschließend aufgehängt. Die Kinder können nun mündlich oder schriftlich versuchen, zu erraten, wer hier gesucht wird. Erst am Ende ergänzen die Kinder die Namen.

Hinweis

Weisen Sie die Kinder darauf hin, dass es hier darum geht, möglichst viele Informationen über die gesuchte Person zusammenzutragen, nicht darum, ein möglichst schweres Rätsel zu erstellen.

Reflexion

Was habt ihr Neues über die Person erfahren?

Unser Klassenspiel

Material: Kopiervorlage Brettspiel (s. S. 122) in der Anzahl der Gruppen, festes Papier, Schere, 1 Spielfigur für jedes Kind, 1 Würfel pro Gruppe

Alter: ab Kl. 3

Dauer: ca. 45 Minuten

Ziel: spielerische Wiederholung

Spielart: Quizspiel

Beschreibung

Das vorliegende Spiel ist unvollendet. Sie können es gemeinsam mit den Kindern auf die Lerngruppe und die Themen anpassen. Vergrößern Sie die Spielfläche auf DIN A3. Es gibt vier unterschiedliche Spielkartentypen, die durch einfache Symbole gekennzeichnet sind. Die Symbole werden auf der Spielfläche gleichmäßig verteilt, eingezeichnet und farbig gekennzeichnet. Dazwischen gibt es aber auch immer wieder leere Kreise. Die Symbole können etwa folgende Bedeutung haben:

 = Bibelfrage

 = Gefühle und Gemeinschaft

 = Aktionskarte

 = Frage zum Kirchenjahr

Stellen Sie aus festem Papier Spielkarten mit den Kindern her. Auf die Rückseite werden die einzelnen Symbole gemalt. Auf die Vorderseite schreiben die Kinder Aktionen oder Fragen mit Antworten zu den einzelnen Bereichen.

Beispiele:

„Wie hieß Abrahams Frau?"
„Nenne die Namen von drei Aposteln."

„Sage einem Mitspieler, was du an ihm magst."
„Mache ein entspanntes Gesicht."

„Hüpfe einmal auf einem Bein um den Tisch."
„Gib deinem rechten Nachbarn eine deiner Karten."

„Wann feiern wir Allerheiligen?"
„Nenne einen Brauch, der für dich zum Weihnachtsfest gehört."

Kopieren Sie die Fragekarten in der Anzahl der Gruppen, und formulieren Sie mit den Kindern die Spielregeln. Grundsätzlich spielen die Kinder in Kleingruppen mit Spielfiguren und erwürfeln ihre Spielzüge. Sie ziehen eine Karte, wenn sie auf ein entsprechendes Feld kommen. Ob die richtig erfüllten bzw. beantworteten Karten aber als Siegpunkte behalten werden, legen Sie beispielsweise mit den Kindern selbst fest. Auch den Weg auf dem Spielfeld können Sie mit Pfeilen festlegen oder ihn offen lassen, sodass die Spieler entscheiden, welchen Weg sie nehmen möchten.

Hinweise

- Nach und nach können Sie das Spiel immer wieder um neue Fragekarten erweitern.
- Wenn Sie die Spielfelder nach der Fertigstellung laminieren, können sie immer wieder verwendet werden, ohne dass sie beschädigt werden.
- Mit Hilfe unterschiedlicher Karten können Sie nicht nur die Themen variieren, sondern das Spiel auch an die entsprechende Altersgruppe anpassen.

Unser Klassenspiel

Kopiervorlage

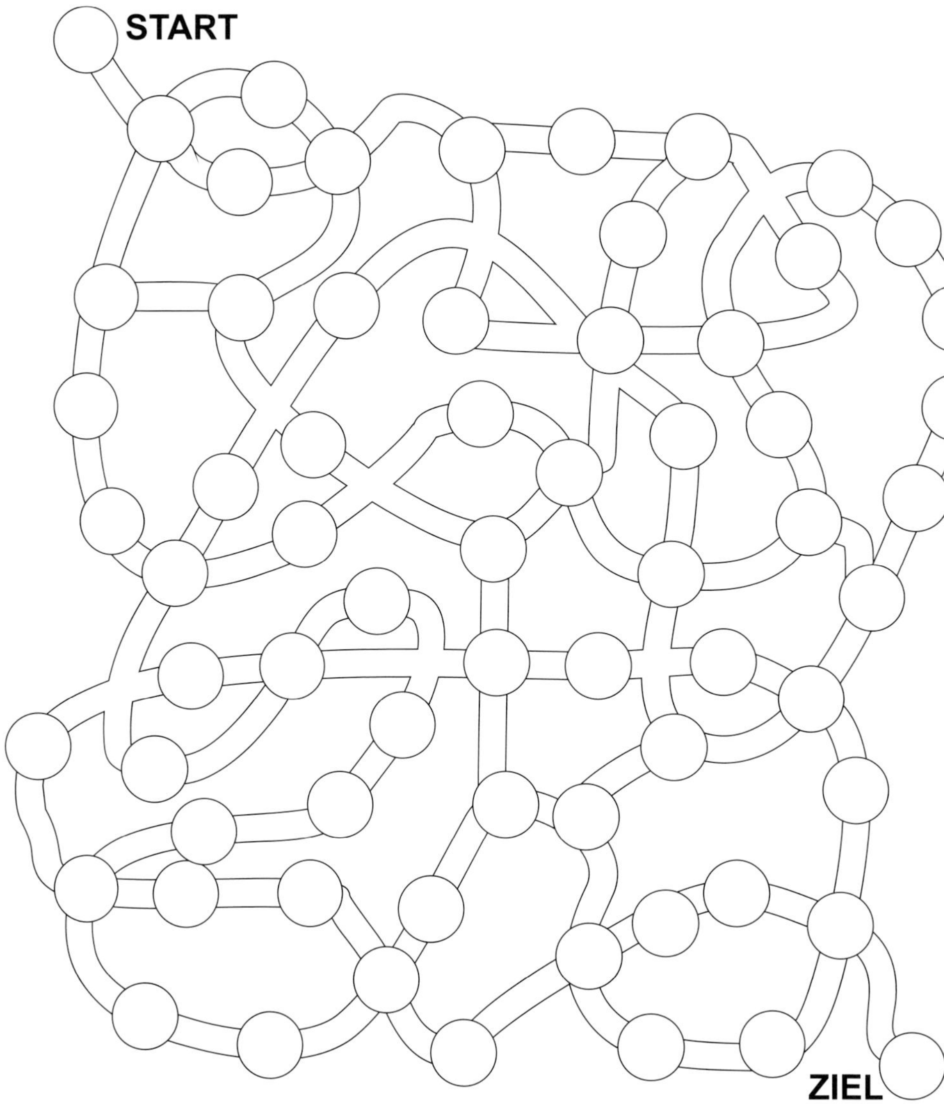

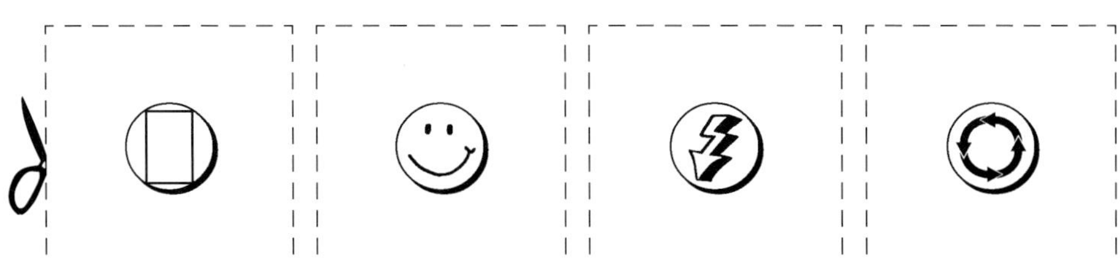

Zukunftsgeschichten

Material: Blätter mit ausgewählten Wörtern in Klassenstärke

Alter: ab Kl. 3

Dauer: ca. 20 Minuten

Ziel: Fantasie entwickeln

Spielart: Kommunikationsspiel

Beschreibung

Die Kinder setzen sich in einen Stuhlkreis. In der Mitte liegen Blätter, auf denen einzelne Wörter stehen (z.B.: „Träume", „Erde", „Menschen", „Tiere", „Schule", „Kinder", „Bäume", „Kleider", „Fahrzeuge"). Die Kinder sollen gemeinsam mit Hilfe der Wörter eine Fantasiegeschichte erzählen. Sie beginnen die Geschichte etwa folgendermaßen: „Wir gehen mit unseren Gedanken etwa 50 Jahre in die Zukunft und wollen erzählen, wie die Menschen dann leben und wie es auf der Erde aussieht. Wir befinden uns auf einem Marktplatz und schauen uns um ...". Das erste Kind nimmt sich ein Wort und erzählt die Geschichte weiter. Jedes Kind formuliert einen Satz, in dem sein Wort vorkommen muss.

Hinweis

Falls möglich, können Sie die Geschichte mit einem Mikrofon und Aufnahmegerät aufnehmen, damit sie nochmals angehört werden kann.

Variationen

- Sie erläutern den Kindern vorher, dass es sich um eine Geschichte aus der Zukunft handeln soll. Dazu schreiben die Kinder vor der Erzählrunde eigene Wörter auf leere Blätter.
- Die Geschichte wird mehrmals erzählt und verläuft dann anders.

Reflexion

Wie wird die Welt in Zukunft aussehen?
Was wird besser und schöner sein? Wovor habe ich Angst?

Schöpfungsmandala

Material: Naturmaterialien, ggf. Mandala-Vorlage (s. Folgeseite), ggf. Kreide

Alter: ab Kl. 1

Dauer: ca. 45 Minuten, je nach Größe

Ziel: die Schönheit der Schöpfung darstellen

Spielart: Kreativspiel

Beschreibung

Die Kinder bringen möglichst viele gleichartige Dinge mit, die auf die Schöpfung hinweisen. Das können Steine, Pflanzen oder Blumen, aber auch kleine Früchte, Samen oder Gemüse sein. Auch Fotos von Tieren, von der Erde oder von Menschen sind möglich. Aus den Gegenständen sollen die Kinder gemeinsam ein Riesenmandala in einem großen Raum oder draußen gestalten. Dazu müssen sie sich vorab überlegen, wie sie die Gegenstände anordnen. Die Kopiervorlage kann hier als Vorlage dienen. In jedem Fall sollten die Kinder von der Mitte aus anfangen und sich bei Bedarf die Linien mit Kreide vorzeichnen. Mit den Gegenständen werden die Linien gelegt. Wenn genügend Gegenstände und Zeit vorhanden sind, können die Kinder auch die Flächen auslegen.

Hinweise

- Wenn die Kinder mit Mandalas noch nicht vertraut sind, weisen Sie sie zunächst auf deren symbolhafte Bedeutung hin. Alles zentriert sich in symmetrischer Form um die Mitte.
- Schön wäre es, wenn das fertige Schöpfungsmandala einige Zeit zum Anschauen ausliegen könnte.

Variationen

- Jedes Kind malt selbst ein Mandala und gestaltet aus der Vorlage ein eigenes Schöpfungsmandala.
- Wenn genügend Zeit ist, können Sie mit den Kindern die Gegenstände auch gemeinsam sammeln.

Schöpfungsmandala

Gottes Schöpfung

Material: Liedblatt bzw. Folie (s. Folgeseite)

Alter: ab Kl. 1

Dauer: 45 Minuten

Ziel: Kenntnis von der Schöpfungsgeschichte durch körperlichen Ausdruck vertiefen

Spielart: darstellendes Spiel, Bewegungslied

Beschreibung

Zunächst lesen die Kinder den Liedtext, in dem die biblische Schöpfungsgeschichte dargestellt wird. Anschließend üben Sie mit ihnen das Lied (Melodie und Text) schrittweise ein. Wenn alle Kinder im Singen sicher sind, überlegen sie sich gemeinsam eine Choreografie, bei der der Text körperlich ausgedrückt wird.

Beispiele:

- „Gott schuf diese Welt" – beide Hände parallel hochstrecken und einen Kreis formen
- „Alles, was wir hören" – Hände neben die Ohren
- „Alles, was wir sehen" – Handkante an die Stirn legen

Hinweise

- Beim Einüben des Liedes und der Choreografie ist es sinnvoll, den Liedtext gut leserlich an eine Wand zu projizieren.
- Eine Spezialaufgabe (z.B. für Kinder, die nicht gerne singen) kann das Klatschen in den Strophen sein.

Variationen

- Nicht alle Schüler stellen gleichzeitig den Text dar, sondern jeder Satz und jede Strophe wird von einer anderen Gruppe dargestellt.
- Es gibt eine Sing- und eine Bewegungsgruppe.
- Eine Percussiongruppe begleitet das Lied rhythmisch.

Gott schuf diese Welt

Text und Musik: Arthur Thömmes

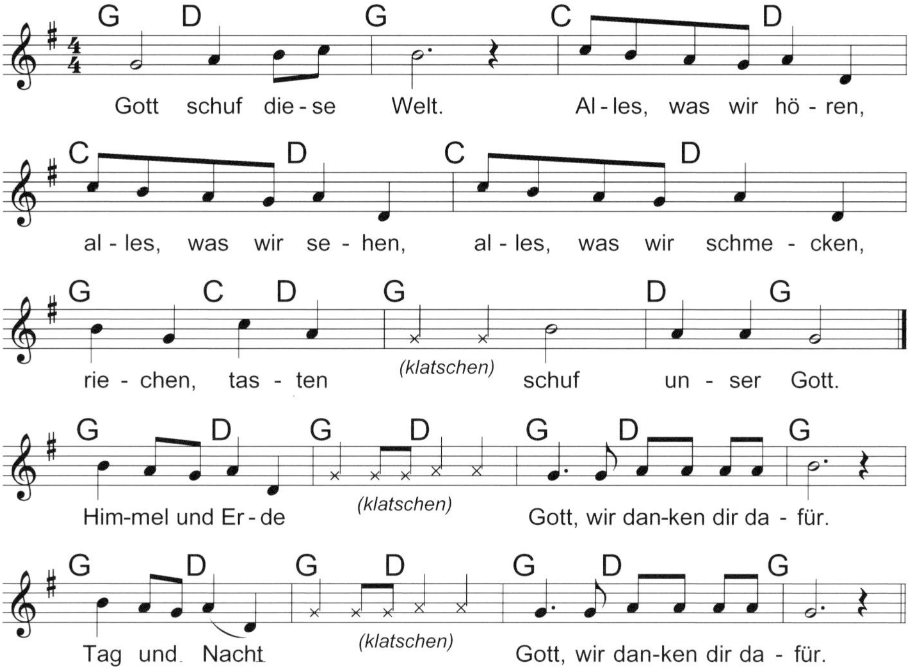

2. Land und Meer - Gott, wir danken dir dafür.
Bäume und Früchte - Gott, wir danken dir dafür.

3. Sonne und Mond - Gott, wir danken dir dafür.
Vögel und Fische - Gott, wir danken dir dafür.

4. Vieh und Kriechtier - Gott, wir danken dir dafür.
Und auch die Menschen - Gott, wir danken dir dafür.

aus: Wie schmeckt das Leben? Bd. 3, Gemeinsam die Welt entdecken.

Teilen lernen

Material: 1 Apfel, 1 Ball, mehrere Bilder, 1 Buch, 1 Blatt mit der Aufschrift „das Gefühl Liebe"

Alter: ab Kl. 3

Dauer: ca. 15 Minuten

Ziel: über gerechtes Teilen nachdenken

Spielart: Kommunikationsspiel

Beschreibung

Erläutern Sie den Kindern, dass es bei dem Spiel darum geht, die Gegenstände möglichst gerecht zu teilen. Es werden fünf Gruppen gebildet. Jede Gruppe erhält ihre Gegenstände (den Apfel, den Ball, die Bilder, das Buch, das Textblatt). Die Kinder machen sich Gedanken darüber, wie sie die Gegenstände gerecht verteilen könnten.
Mögliche Lösungen:

- Ein Apfel wird möglichst in gleiche Teile zerschnitten.
- Der Ball wird nacheinander oder gemeinsam benutzt.
- Jeder sucht sich ein Bild aus. Doch in welcher Reihenfolge geschieht das?
- Einer liest allen anderen vor.
- Wer am meisten Liebe braucht, sollte vor allem bedacht werden. Aber kann man Liebe überhaupt teilen?

Hinweis

Die Kinder werden erkennen, wie schwierig es ist, gerecht zu teilen, sodass alle etwas bekommen und zufrieden sind. Sie sollen versuchen, ihre Erkenntnisse zu verallgemeinern.

Reflexionen

- Wie seid ihr auf eure Lösung gekommen? Habt ihr eine Möglichkeit zum gerechten Teilen gefunden? Sind alle zufrieden?
- Warum gibt es auf der Welt reiche und arme Menschen?

Wahr oder erfunden?

Material: –

Alter: ab Kl. 3

Dauer: ca. 30 Minuten

Ziel: die Bedeutung von Ehrlichkeit erkennen

Spielart: Kommunikationsspiel, Selbsterfahrungsspiel

Beschreibung

Die Kinder sollen sich eine Geschichte ausdenken, die sie selbst einmal erlebt haben. Darin bauen sie eine Begebenheit ein, die frei erfunden ist. Freiwillige können sich dann vor die Gruppe stellen und erzählen ihre Geschichte. Die anderen Kinder müssen erraten, was tatsächlich passiert und was frei erfunden ist. Dabei können sie auch überlegen, was passiert wäre, wenn der erfundene Teil der Geschichte wahr wäre.

Hinweis

Erzählen Sie den Kindern als Hinführung zum Spiel eine Begebenheit aus Ihrem Leben.

Variation

Mehrere Gruppen erfinden jeweils eine längere Lügengeschichte. Dabei wird vor der Präsentation die Anzahl der Lügen preisgegeben.

Reflexion

Wann war es leicht, die erfundene Begebenheit zu erkennen? Wann war es schwerer? Wann ist es wichtig, die Wahrheit zu sagen? Wann wurde ich selbst einmal belogen? Wie habe ich das empfunden? Welche Folgen können Lügen haben? Warum ist Ehrlichkeit wichtig?

Mein Baum

Material: Baum

Alter: ab Kl. 3

Dauer: ca. 30 Minuten

Ziel: die Vielfalt der Natur genau wahrnehmen

Spielart: Wahrnehmungsspiel

Beschreibung

Diese Aktivität findet im Freien statt. Suchen Sie einen Ort aus, an dem mehrere Bäume stehen. Jedes Kind sucht sich einen der Bäume aus. Es stellt sich zunächst in einiger Entfernung auf und beobachtet ihn ganz genau. Wie ist er gewachsen? Wie groß ist er? Wie sind Äste und Zweige angeordnet? Dann geht es näher zum Baum hin und betrachtet und befühlt ihn genau. Es kann auch an seinen Teilen riechen oder sein Ohr daranlegen. Anschließend gehen alle ins Gebäude zurück und versuchen, den anderen Kindern zu beschreiben, was sie über ihren Baum erfahren haben.

Variationen

- Die Kinder setzen sich vor ihren Baum und zeichnen ihn.
- Mehrere Kinder erhalten unterschiedliche Aufgaben, um einen Baum gemeinsam zu erkunden (befühlen, riechen, Baumgröße).
- Sie schreiben eine Geschichte, in der der Baum von sich erzählt.
- Die Kinder werden von einem Partner blind zu einem Baum geführt und können ihn ertasten, an ihm riechen etc. Dann werden sie wieder weggeführt und versuchen sehend, den Baum wiederzufinden.

Reflexionen

- Unterscheiden sich die Beschreibungen von Kindern, die den gleichen Baum gewählt haben? Was ist vielen aufgefallen, was haben nur wenige bemerkt?
- Was würde ich den Baum fragen, wenn er mir antworten könnte?

Kinder der Welt

Material: Zeitschriften, Zeitungen, Scheren, Plakat-Papier, Klebstoff

Alter: ab Kl. 1

Dauer: ca. 45 Minuten

Ziel: die Vielfalt der Welt und der Menschen erkennen

Spielart: Kreativspiel

Beschreibung

Es werden mehrere Gruppen gebildet. Aus Zeitschriften sollen die Kinder Bilder suchen, auf denen Kinder aus unterschiedlichen Ländern abgebildet sind. Die Bilder werden ausgeschnitten, und jede Gruppe erstellt eine Collage mit dem Thema „Kinder der Welt".
Gemeinsam werden die Ergebnisse betrachtet und besprochen.

Hinweise

- Um genügend Bilder zu haben, erhalten die Kinder im Vorfeld die Aufgabe, zu Hause nach Fotomotiven zu suchen. Neben den Zeitschriften können Sie oder die Kinder gleichzeitig im Internet nach Fotos suchen und diese ausdrucken.
- Um Collagen mit unterschiedlichen Themen zu erstellen, ist es sinnvoll, eine Vielzahl möglichst unterschiedlicher Zeitschriften zu sammeln und abrufbereit zu lagern.

Variationen

- Sie können den Kindern einzelne Unterthemen vorgeben, zu denen sie die Collage erstellen sollen, z.B. „Arm und reich", „Gefühle".
- Ältere Kinder können sich selbst ein Unterthema überlegen.

Reflexionen

- Aus welchen Ländern könnten die Kinder kommen? Woran ist das zu erkennen? Ist es schwer oder leicht zu erkennen?
- Worin unterscheiden sich eure Collagen?

Wir geben einander

Material: Bildkarten (s. Folgeseite), vorbereitete Plakate (s.u.), dicke Filzstifte bei jedem Plakat

Alter: ab Kl. 1

Dauer: ca. 25 Minuten

Ziel: erkennen, wie Menschen auf die Umwelt angewiesen sind

Spielart: Kommunikationsspiel

Beschreibung

Kopieren Sie die Bildkarten, sodass jedes Kind eine Karte erhält. Kopieren Sie die Bilder auch einmal groß, und kleben Sie sie auf die Plakate. Jedes Kind erhält eine Bildkarte (bei ungerader Anzahl spielen Sie mit) und sucht sein „Gegenstück", das auf der Karte klein abgebildet ist. Dabei sprechen die Kinder nicht. Haben sie einen Partner gefunden, formuliert jeder einen Satz: „Ich gebe dir ..." (z.B. Baum: „Ich gebe dir Äpfel." Kind: „Ich gebe dir Wasser."). Sie können dann zum passenden Plakat gehen und ihren Austausch aufschreiben. Dann tauscht jeder seine Karte mit einem anderen Kind und sucht wieder seinen Partner.

Hinweis

Es macht nichts, wenn die Kinder dieselbe Karte mehrmals erhalten. Sie sollen dann versuchen, sich etwas anderes zu überlegen.

Variationen

- Bei wenig Zeit können Sie das Spiel nur mündlich spielen.
- Erschwerend kann die Regel gelten, dass auf den Plakaten nur unterschiedliche Sätze stehen sollen.
- Erstellen Sie mit den Kindern eigene Bildpaare.

Reflexion

Fallen euch noch mehr Paare ein? Warum ist es wichtig, dass jeder etwas gibt?

Wir geben einander

Was gehört nicht dazu?

Material: Kopie der Vorlage für je 2 Kinder (s. Folgeseite)

Alter: ab Kl. 3

Dauer: ca. 10 Minuten

Ziel: Symbole deuten lernen

Spielart: Kommunikationsspiel

Beschreibung

Die Kinder bilden Zweierteams. Jedes Team erhält die Kopiervorlage mit den Symbolbildern. Von jeweils vier Symbolen bedeuten drei etwas Ähnliches, eines passt nicht dazu. Die Kinder sollen das falsche Bild kennzeichnen und überlegen, warum es nicht dazugehört.
Im Kreis werden die Ergebnisse gesammelt. Dabei kann es zu unterschiedlichen Einschätzungen kommen.

Hinweis

Das Spiel folgt dem „Odd-man-out"-Prinzip und lässt sich auf unterschiedliche Themen abwandeln.

Reflexionen

- Haben alle das Gleiche aussortiert? Wenn nein, woran liegt das? (Symbole sind nicht eindeutig)
- Wofür stehen die Bilder?
- Findet ihr weitere Dinge, die auch diese Bedeutung haben?
- Welche anderen Symbole kennt ihr?

Was gehört nicht dazu?

Kopiervorlage

Markiert in jedem Feld, was nicht dazugehört.

Überlegt, für was die Bilder stehen könnten.
Für was sind sie ein Symbol?

Medientipps

Spiele im Unterricht

Dr. Lütge, Jessica:
Unterrichtsziele spielend erreichen.
Bd. 1. Die besten Spiele zum Unterrichtsbeginn.
ISBN 978-3-8346-0541-2
Bd. 2. Die besten Spiele zum Lernen mittendrin.
ISBN 978-3-8346-0542-9
Bd. 3. Die besten Spiele für den Abschluss mit Gewinn.
ISBN 978-3-8346-0543-6
Kl. 1–4. Verlag an der Ruhr, 2009.

Röschmann, Doris; Weber, Hermann:
Arbeitskatalog der Übungen und Spiele.
Windmühle Verlag, 2008.
ISBN 978-3-937444-06-2

Theisen, Peter:
Arbeitsbuch Spiel.
Bildungsverlag EINS, 2004.
ISBN 978-3-8237-8059-5

Weitere Bücher des Autors

Thömmes, Arthur:
Der Stern, der nicht leuchten wollte.
Ein fächerübergreifendes Theaterprojekt zur Weihnachtszeit. M. Audio-CD.
8–10 J. Verlag an der Ruhr, 2008.
ISBN 978-3-8346-0462-0

Thömmes, Arthur:
Spiele zur Unterrichtsgestaltung.
Religion und Ethik.
Kl. 5–13. Verlag an der Ruhr, 2009.

Niehl, Franz W.; Thömmes, Arthur:
212 Methoden für den Religionsunterricht.
Kösel Verlag, 2009.

Internet*

www.dom-fuer-kinder.de/
Kinderseite rund um den Kölner Dom.

www.fundgrube-religionsunterricht.de
Die Internetseite von Arthur Thömmes.

www.spieledatenbank.de
www.fundus-jugendarbeit.de/spiele/spiel.html
www.relispiele.at/
www.spielekiste.de/archiv
www.gruppenspiele-hits.de
www.spielefuerviele.de/
www.materialboerse.ejo.de
Spielesammlungen im Internet, teils mit religiösem Hintergrund.

www.spielend-spielen.de
Informationen zum Spielen und seinen theoretischen Hintergründen.

* Die in diesem Werk angegebenen Internetadressen haben wir geprüft (Stand März 2012). Da sich Internetadressen und deren Inhalte schnell verändern können, ist nicht auszuschließen, dass unter einer Adresse inzwischen ein ganz anderer Inhalt angeboten wird. Wir können daher für die angegebenen Internetseiten keine Verantwortung übernehmen.